JN410833

# 시간 때우기

**초판 1쇄 인쇄** | 2018년 07월 24일

**지은이** | 정지안

**펴낸이** | 이승훈

**펴낸곳** | 해드림출판사

**주 소** | 서울 영등포구 경인로82길 3-4(문래동1가 39)

센터플러스빌딩 1004호(우편07371)

**전 화** | 02-2612-5552

**팩 스** | 02-2688-5568

E-mail | jlee5059@hanmail.net

등록번호 제2013-000076

등록일자 2008년 9월 29일



ISBN 979-11-5634-295-3

# 시간 때우기

01-01-0001에서
01-12-0012까지 01

정지안 에세이집

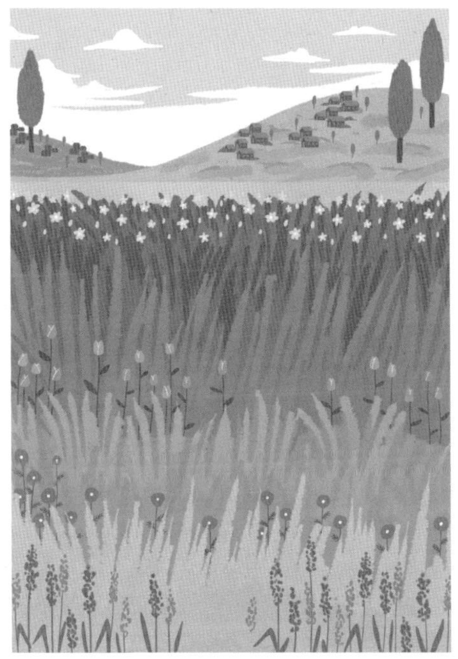

해드림출판사

# 앞글

제목이 시간 때우기이다. 맞는 말이다. 학술서적도 아니고 수필가들이 유려하게 일상에 대해서 아름답게 쓴 예술 서적도 아니다. 그냥 보면 좋고 안 봐도 아무 상관이 없다.

일러두기 할 것은 없지만 참고로 글은 항상 홀수 쪽에서 시작하게 하려고, 하나의 글이 홀수로 끝나면, 그다음 짝수 쪽은 '빈칸'을 넣었다. 재주가 없어 쪽 수 채우는 것도 민만치 않아, 쪽 수 늘리려는 고육지책이기도 하다. 하하.

그래도 양심 상 '빈칸'에는 기억하고 싶은 것, 추억해야 할 것 아니면 낙서라도 할 수 있게 점선을 넣었다. 낙서인데 백지가 더 좋았을까?

누군가 시간을 때우려는 이 있으면, 함께 하자.

# 목 차

# 시간 때우기

01-01-0001

/

2018. 03. 05(월)

– 횡설수설로 시작한다.

처음 이런 방식으로 글을 써 본다. 뭔 방식이냐면 지나가다 하늘을 쳐다보면 구름이, 구름의 형상을 만들어낸 모양 전체로 보이는 방식 말이다. 대상이 없다는 말이다. 그중에 제일 먼저 해야 할 말이 있긴 한데 스스로 좀 더 안정이 되면 그때 해 보기로 하고 지금은 간단히 시간만 무지하게 많은 사람이라는 것 그래서 시간을 때워야 하는 사람이라는 것이다. 시간을 때우려고 쓰는 글이니 자연 횡설수설橫說竪說하지 않을까 생각합니다. 더구나 변변한 주제主題도 없기 때문에 더 그럴 것 같지 않나요. 만약에 누군가 읽어 보는 사람이 있다면 시간을 때우기는 하되 따라서 횡설수설 생각할 필요도 가치도 없습니다. 모두 가벼우니까요.

또 하나는 "알려고 하면 다쳐"라고 재미있는 말도 있는데, 나는 알려고 해도 다칠 일 없고, 알아봤자 알려고 노력했던 것보다 더 빨리 잊힐 것이기 때문에 관심關心 가지지 말라고 하고 싶고 그 나머지는 알아서 하시라는 말만 합니다.

사람들이 산다는 게 뭐로 말해야 할지 어려운 일이다.

오래 살고 싶다는 욕망欲望이 누구에게나 있는 것은 다 알고 있지만, 그 전제 조건이 건강健康하게 오래 살고 싶다는 장수長壽에 대한 것이지 아파서 괴롭고 비실비실 오래 살고 싶다는 뜻은 아닐 것이다. 이에 대해서는 최근에 연명의료 중단을 개인의 판단으로 결심/결정할 수 있게 하는 법도 만들어졌다는 것을 통해 알 수 있을 것 같다.

목숨은 사람이 살아 있으면서 오직 한 번을 살고 거기에 유한有限하기 때문에 존귀尊貴한 것이고 포기抛棄하기가 어려운 것인데 그럼에도 포기를 하는 것은 어떤 이유인가?

다른 사람들의 경우 어떤 여러 이유가 있을지는 모르겠는데, 내 생각은 두 가지이다. 하나는 인간으로서 자기 자신의 존귀함에 대한 인식認識이다. 과거에도 그랬고 현대에도 마찬가지이며 미래라고 해도 오래 살려고 해서 오래 살 수 있는 방법이 없다. 물론 아주 짧은 시간 연장이 가능할 수도 있으나, 그 시간에 지수적으로 추醜해질 것이기 때문이다.

다른 하나는 경제적인 문제이다. 부富의 획득이 조상 내지 부모의 것을 물려받았을 경우도 있고 거기에 나 자신의 노력에 의해 증가 또는 감소 과정을 거쳐 현 상태를 유지하는 경우도 있고 아니면 오롯이 나 자신의 노력에 의해 이룬 것일 수도 있고 다양하다고 볼 수밖에 없다고 하자. 그런데 이것이 과거過去의 일이라는 점이고 중요한 것은 현재現在와 현재 이후인 미래未來의 시간에 대한 것이다.

다른 예는 차치且置하고 온전히 내가 성장하고 노력해서 이뤄 놓은 부라고 하자. 그때 문제가 무엇이냐면 딸린 식구들이다. 그 사람들의 현재 이후의 생계문제를 고려하지 않을 수 없다는 점이다. 경제적인 문제로 연명의료 중단을 결정한다는 것이 인간적으로 슬프다고 생각할 수 있지만, 의료비를 보면 어떻게 생각을 하지 않을 수가 있겠는가! 국민 개인도 잘살게 되었고 국가의 재정財政도 많이 좋아졌지만 그렇다고 몸이 안 좋은 개인의 삶을 몇 년이라도 더 원하는 만큼 의료기술醫療技術이 아닌 의료혜택醫療惠澤으로 유지하기는 쉽지가 않다.

살면서 뭔가가 잘 안 되는 경우 더럽다 또는 더러운 세상이라고 하지만 이것은 더럽고 깨끗하고의 문제가 아니다. 가정의 경제적 현실도 그렇지만 국가의 재정도 마찬가지로 현재 이후 미래까지 이어져야 하기 때문이다.

여러 사족蛇足이 줄줄이 달려서 무엇인가를 얘기하려는 것 같지만 간단히 인간의 존귀함과 경제적 사정이라고 볼 수 있다는 두 가지 내용으로 생각한다는 것이다.

그러면 사람이 산다는 것에 대한 얘기는 대충 끝났는가? 말도 안 된다. 사람이 산다는 것에 대한 얘기 하나만으로도 할 말이 많다. 그 외에도 행복, 사랑, 효도 등 하고 싶은 말들에 대해서는 시작도 못 했다. 그리고 내 생전에 사람이 산다는 것 하나에 대해서도 결코 아무것도 끝내지 못한다. 그러면 그 외의 것들은 물론 끝낼 수 없다. 무엇 하나 제대로 할 수 있는 게 없을 것이나 무엇이라도 좀 엉성하게라도 시작은 해 볼 수 있지 않을까 생각하는데, 그나마 다행이다.

살면서 "하고 싶은 말", "듣고 싶은 말" 모두 필요했지만, 하고 싶은 말이 있어도 들어 줄 사람이 없고, 듣고 싶은 말이 있어도 들려줄 사람이 없다.

그렇지만 지금 생각은 가끔은 내가 누군가에게 무슨 말을 하고 싶을 때가 있다면 듣는 이를 구하지 않고 한다는 것 또는 할 수 있다는 것 이런 생각을 하고 있는 것 같다.

좋은 생각이 많아져서 좋은 글이 되고 그래서 많은 사람들이 또한 좋은 생각으로 번져 가면 좋겠다고 생각하며 산다. 별 이유는 없이.

굳이 이유 하나를 억지로 만들자면 시간 때우기이다. 시간은 생각한 대로 흐르는 게 아니라 시간이 지나는 흔적을 보면서 알 수 있지만, 그것은 절대적 시간絶對的 時間이다. 상대적 시간相對的 時間은 나이에 따라 빠르게도 흐르고 느리게도 흐른다. 가령 나이가 많은 어른은 아침 햇살에 햇볕 쬐는 시간도 부족할 정도로 빠르게 가는가 하면 젊은이는 소주 한 병 살 나이가 너무나 느리게 다가오는 불만을 가지고 있다. 젊은이들 중 학생들 그중에서도 공부를 어느 정도 하는 학생의 경우 시험시간이 쏜 살같이 지나가지 않겠는가.

사람들은 절대적 시간을 살아내지만, 사실은 상대적으로 시간을 느끼며 살 수밖에 없는데, 이 시간 중에서 느리게 느끼는 시간에 시간 때우기가 일어날 텐데 이 시간을 어떻게 처리해야 할까 문제인데 이런 시간을 쓰라는 의미이다.

언젠가 군부대에서 내 생각에는 좋은 생각이어서 한 이야기인데 좋은 호응을 얻지는 못한 것 같다. 그 이야기는 그럴듯한데 왜 그랬을까 고민하지만, 문제는 현실이라는 점에 있었던 것 같다.

즉 육체적 정신적 어려움이었던 것 같다. 그 얘기를 짤막하게 요점을 정리하면 아래와 같은 말이다.

여러분이 현재 군대에 군인으로 있는 것을 참 다행으로 생각하고 있습니까? 내가 군인이어서 다행이라고 생각하십시오.

우리나라는 어차피 군대를 보유하고, 그 보유한 군대의 군인들은 강해야 합니다. 그래서 많은 행동을 제한하며 반복된 육체적 훈련을 해야 합니다.

왜 여러분이 지금 군인인 것을 다행으로 생각하라고 하냐면, 여러분의 부모님이나 여러분의 동생이나 여러분의 애인이나 군인이 되어 제한된 생활과 육체적 훈련을 하는 것보다는 그래도 내가 군인이어서 다행이라고 생각하면 충분히 극복할 수 있습니다. 그리고 극복해 내야 사회에서 생활도 할 수 있습니다.

한 번 읽어 보았다면 생각해 볼 수 있을 것인데, 어차피 그 당시에 어려있을 뿐이지 가만히 생각해보면 그렇지 않은가?

찬반贊反을 물을 필요는 없지만 군대를 제대한 사람은 나름 찬성일 것이고 현역 군인이거나 곧 입대 예정인 사람은 반대할 수밖에 없지 않을까 하는 생각인데, 이 또한 몇 분 시간 때우기로 생각해 볼 수 있지 않을까 생각한다.

내가 아는 모든 것이 내가 사는 세상을 만들기 때문에 어쩔 수 없지만, 이 생각은 지금도 좋아 보인다.

빈 칸 1 : 추억 또는 한마디, 쓰고 싶은 것 쓰기.

1.

2.

3.

4.

# 시간 때우기

01-02-0002

/

2018. 03. 09(금)

오늘이 두 번째 글을 올리는 것인데 또 시간을 소비消費해야 하기 때문에 무엇인가에 대해서 생각도 해보고 그 생각해 본 것에 대해서 쓰려고 한다.

오늘이라고 해서 당장 오늘 생각해 본 것은 아니고 살면서 오랫동안 자주 생각했던 것들 삶이란 게 뭔지, 행복幸福이란 게 뭔지, 사랑이나 효도孝道 등 생각할 게 많은데 그중에 하나가 "나"이다. "나"는 생각할 게 많지 않을 것 같기도 하고 아주 없을 것 같기도 한데 뭔 말을 해보려고 할까요.

우선 "나"를 제일 잘 아는 사람이 누구냐는 것이다. 누구나 당연히 스스로 "나"라고 한다. 맞는 말이 될 것이다. 사람이 살면서 내가 누구인지 내가 모른다면 참 이해하기 어려운 상황이 될 테니 말이다. 그럼 진짜로 잘 아느냐고 묻는다면 이번에는 뭐라고 할 것인가?

이런 물음에 대답을 한다는 것 자체가 문제가 있다. 대답해야 할 대상 즉 주제라는 게 빠졌다. 너는 누구냐라고 무조건 물어 온다면 어떻게 나에 대해서 무조건 대답을 하겠는가.

그런데 가만히 생각해보면 주제를 정하고 나누고 자세히 물어본다고 해도 대답하기는 쉽지 않다.

가령 얼굴이라는 주제에 대해서 잘 생겼는지를 묻는다면, 잘 생겼다고 말하기에는 객관적으로 봤을 때 민망하고, 잘 못생겼다고 주관적인 인식으로 말하기는 스스로 민망하고 그래서 평범平凡하게 생겼다고 말했다면 스스로를 잘 안다고 한 것인가?

제일 잘 아는 사람 다음의 두 번째 나를 잘 아는 사람은 부모라고 생각할 것으로 생각되는데 이것도 가만 생각해보면 참으로 어려운 일이다. 물론 나의 생김새나 목소리 좋아하는 반찬 종류라든가 흔히 쓰는 어투 등 많이 알고 있다고 생각할 수 있지만, 온전히 그것들이 나인가?

내가 하는 생각, 내가 살고 싶은 세상 그리고 내가 살고 싶은 미래에 대해서 부모가 잘 알고 있으신가요.

가끔 연속극을 보게 되면 아들과 어머니가 다정하게 이야기하며 커피 마시고 나의 사랑이나 나의 미래에 대해서 걱정하는 것을 본 적이 있기는 하지만 연속극이 아닌 현실 세계에서 그런 광경을 본 적은 한 번도 없는 것 같다. 나도 그렇다. 부모님과 상의해서 사랑을 하지도 그 당시에 미래인 현재의 삶을 계획하지도 못 했다.

지금은 결혼을 한 지도 벌써 한참이 되었고 아이가 성년과 청년이 되어 내가 해야 할 고민을 하고 있겠지만 한 번도 물어본 적도 없고 그들이 물어온 적도 없는 것 같다. 고민이 하나도 없어서 그랬겠는가?

세 번째로 잘 알고 있을 법한 관계가 친구들이겠다. 앞서 여러 형태의 고민들을 서로 주고받고 하면서 서로는 잘 알고 있다고 생각하면서 지낼 것이다. 이렇게 말한다면 나를 잘 알고 있으며 잘 지내는 것이 맞다.

그런데 역시 친구도 내가 보여준 행동이나 내가 말한 고민에 대해서 어쩌면 같은 고민을 가지고 살게 되니 관심과 격려를 하겠지만 그래서 해결책이 나오겠는가. 아주 작은 위로라도 그 상황에서는 고마운 일이라고 생각하면서 아주 좋은 친구라고 생각한다. 그 친구도 결국 나를 아는 것은 상당히 제한적이다.

나를 이해하는 주체가 나이 든 부모이든 친구이든 또 다른 누구이든 간에 보이는 것만큼 그리고 내의 생김새, 말하는 것, 좋아하는 것 등등 나를 봄으로써 생각한 것만큼 이지 그 이상은 아니다.

결국 나는 나도 모른다. 그리고 다 모른다도 어쩌면 또 답이 된다. 학생이면 누구나 아는 집합 중에서 합집합 즉 "나는 나를 안다"와 "나는 나도 모른다"의 합집합이 "나"다.

이 중에 교집합은 없나? 그 크기가 얼마인지를 모르지만 분명 교집합은 있다. 그 교집합은 이게 나인지 아닌지 헛갈리는 부분일 게다. 분명 나이고 그렇다고 확실히 아닌 것도 아닌 것이다.

글을 쓰다 보니 소유와 정기고라는 가수가 부른 '썸'이란 노래의 가사 "요즘 따라 내꺼인 듯 내꺼 아닌 내꺼 같은 너, 니꺼인 듯 니꺼 아닌 니꺼 같은 나."가 생각난다. 이것이 정형화해서 "~인 듯, ~아닌, ~같은"이라고도 한다는데, 이걸 정확히 노래 부른다니 참 대단하다.

아마 이런저런 말들로 "나"를 설명할 수 있을까 생각해보지만 점점 더 미궁으로 빠질 게 분명하다. 그렇다면 "나는 나를 안다"와 "나는 나도 모른다"의 합집합이 "나다"라고 하면서 사는 것이다.

이런 불명확한 나는 어떻게 살면 좋을까? 사람들 사는 데 여러 기준으로 구분하려고 하는데 그런 것에 얼 매이지 말고 또 사는 데 나이를 따지지 말고 남아 있는 힘과 열정으로 살면 좋겠다.

이애란이라는 가수의 "백세 인생", 오승근이라는 가수의 "내 나이가 어때서"라는 노래가 노년층에게 특히 많이 불리고 폭발적으로 인기가 있는 게 얼마나 재미있는 일이고 힘 나는 일인가.

혹시 젊은 사람들이 내가 어떻게 살면 좋을까 고민을 하거나 한다면 이렇게 말하면 어떨까 생각을 해 본다. MAMAMOO의 "나로 말할 것 같으면"이란 노래를 들어보면 "(시작) 나로 말할 것 같으면 자신감 있는 여자 ~ Yes I am 아주 건방져(끝)"의 가사로 된 노래이다.

음악이 좋다 나쁘다 등 또는 노래를 잘한다 못 한다 등 그 무엇에 대해서도 어떻다고 할 입장은 아니고 다만 가사를 생각해 볼 때 재미있다고 할 수도 있고 솔직하다고 할 수도 있고 자신감이 있다고 할 수도 있다. 어떤 한 사람이 살게 될 때 노래 가사처럼 살 수 있다면 아마도 행복하고 당당하고 재미도 있을 것이라는 생각이 든다.

스스로 건방지다고 하는 사람이 실제로 건방진 경우는 많을까 적을까 생각해보는데 건방지다는 말은 나쁜 의미이니까 나쁘다고 하면서 나쁜 짓은 잘 안 할 것 같은 생각이다.

어떤 이론이나 설명이 있어서 하는 얘기가 아니라 혼잣말이니 할 수 있다. 아니면 말고도 지금 여기서 쉽게 한다. 책임지려고 하는 말이 아니라 휴식하면서 생각해보라고 하는 말이기 때문이다.

언젠가 젊은이들에게 말할 때, 아침에 일어나 거울을 보면서 "나는 착한 사람이다. 나는 좋은 사람이다."라는 말을 해 볼 것을 권했다. 그러면서 스스로 "나는 착한 사람이다. 나는 좋은 사람이다."라고 해놓고 착하지 못한 행동을 하거나 좋지 못한 행동을 하는 게 굉장히 창피하지 않겠느냐고 하면서 했다.

"나"를 제일 잘 아는 사람은 아무리 복잡하게 뭐라고 얘기해도 결국 "나"다. 그래서 하고 싶은 말은 나는 나라고 하고, 잘 살라는 것이다. 잘 사는 것은 삶을 내가 생각하는 대로 살라는 것인데, 그 중에서도 다른 것보다 시간이다. 시간은 내가 써야 할 필요가 있을 때 주저 없이 쓰고 살아야 한다. 그러면서 나에 빠지지 말고 주변도 슬쩍 봐주는 여유도 있어야 한다. 어떤 것이 기쁘고 어떤 것이 슬프고 어떤 것이 행복이고 또 어떤 것이 사랑인지 봐 줘야 한다. 그래야 내가 여러 상황에 직면했을 때 아하 이것이 기쁜 것이구나. 어허 이것이 슬픈 일이구나. 그 외에 여러 상황도 인식하고 삶을 느끼며 사는 삶의 주체가 될 수 있을 것이다. 물론 사랑도 한마디 할 것인데, 사랑 그냥 남녀, 부모, 가족 이렇게 생각하지만 말자. 이웃도 사랑의 대상인 것이고 요즘은 고양이 개 모두 사랑이 넘쳐나는 대상이다. 그리고 대자연의 여러 광경도 감탄사를 지르기만 하지 말고 그것도 사랑의 대상이 됨을 알자.

내가 있어서 이 세상 모든 것이 존재하는 것이고, 이 세상 모든 것이 존재함으로써 역시 나를 존재하게 한다.

# 시간 때우기

01-03-0003

/

2018. 03. 21(수)

오늘은 가치價値이다. 사람들이 살면서 가치가 무엇인지는 대충 알고 있지만, 대상이 무엇인가에 따라서 편차가 심하다. 일반적으로 사람들이 따지기 쉬운 가치는 어떤 물건의 가격價格으로 생각하는 것이 비교적 용이하다.

생활에 필요한 물건을 사려는 사람이 있다면, 그 물건을 왜 사려고 하는지, 얼마 정도면 살 것인지, 디자인이나 색상 등 여러모로 많이 생각한다고 하는, 즉 심사숙고深思熟考의 과정을 거쳐 결정하게 된다. 물건을 사려고 마음으로 결정했고, 그 정도를 지불하려고 돈을 준비했다고 해서 막상 판매점을 가서 사려던 물건과 마주하면 아주 미묘한 차이에 의해 결정을 집행하지 못한다.

디자인 크기 색상 등 고유의 기능보다는 마음속으로 그렸던 느낌의 차이 때문에 머뭇거리게 되는 경우도 허다하다. 왜 그런가? 마음속으로 그려보던 물건에 대한 느낌의 작은 차이에 대한 가치의 차이 때문이다.

계절상품인 옷을 구입한다고 했을 때, 사람들 그중에서도 조금 더 예민하게 반응하는 여자들의 옷 구매에서, 저 옷이 내가 생각하는 디자인 색상 가격이 단박에 모두 마음에 들어서 구입했다고 하자. 이때 옷을 산 결과에 만족하는지는 두 번의 과정을 거쳐서 판단한다.

첫 번째 과정은 집에 와서 산 옷을 입어보고 자체 평가를 하는 것이다. 거울에 비친 모습을 하면서 만족스러운 느낌과 부족한 점을 점검하고 그래도 후회를 최소화하는 쪽으로 결정을 하려고 마음을 다지고 스스로 만족하려고 한다. 그렇지만 아직도 조금은 딱 마음에 안 드는 부분이 없는 것은 아니나 받아들여서 끝을 맺는다.

얼마 후 새로 산 옷을 입고 친구를 만나는 것이 두 번째 과정이다. 친구가 어머 정말 너한테 잘 맞는 옷이라고 했으면 괜찮은데, 그중 어느 한 친구라도 “어머나! 너 왜 그런 옷을 입었니?”라고 하면서 특별히 나쁜 것은 아니지만 너와 안 어울린다고 하는 경우, 나이가 들어 보인다고 하는 경우, 시대에 뒤떨어진다고 하는 경우 등 자존심을 상하게 하면 복잡해진다.

왜 스스로 결정한 것에 대해서 마음이 복잡해지는 것인가에 대한 대답도 역시 가치의 차이이다.

가치는 여러 가지로 구분해 볼 수 있다. 가치는 일상생활에서 모두 화폐로 나타낼 수 있다고 생각하는 사람들은 물론 없으리라 생각이 된다. 그런데 최근에는 모든 것의 가치를 화폐 하나로 기준도 평가도 삼으려고 하는 데 문제가 있는 것 같다. 가치는 화폐로 나타낼 수 있는 것이 많아진 것은 사실이지만 그렇다고 모두를 대표할 수도 없는 것이고 그럴 수도 없다고 생각한다.

사람들이 살면서 사회적 규범을 지키거나 그보다는 상위의 개념으로 법을 잘 지키는 것도 사회적 가치이다. 어려운 이웃을 위해 금전적 지원만이 아니라 소소한 자원봉사 수준의 활동도 메마른 사회에서 사회적 가치를 높이는 일이다.

또한 종교인들이 자기 종교의 교리에 따라 행동하는 것이나 비종교인들이 타 종교를 똑같은 수준으로 존중하는 것과 이들 종교를 믿는 사람들이 불우이웃을 돕는다거나 등도 훌륭한 종교적 가치이다.

길을 걷다가 예쁜 옷을 입는 것도 미적 가치를 느끼게 해 줄 수 있는 중요한 가치 중의 하나이고, 아이의 엄마가 아이를 단정히 머리 빗기고 천연색 옷과 앙증맞은 디자인의 옷을 입혀서 다니는 것도 역시 심미적 가치를 높이는 동시에 가정적으로도 사회적으로도 가치 있는 훌륭한 일이다.

그런데 이런 것들이 돈으로 평가되어서 문제라고까지 할 수는 없어도 불편하다고는 할 수 있을 것 같다.

돈으로 평가한다는 것도 경제적 가치를 생각하는 것이고 현대인의 삶에서 경제적 가치를 추구하는 것이 전혀 잘 못 된 것이 아니라는 것은 누군 다 아는데, 왜 무엇이 불편한가?

아이를 귀엽고 예쁘게 잘 꾸몄다고 하면서 사회적으로도 가치 있는 일이라고 했을 때 혹시 돈이 많아서 비싼 옷 사 입히면 그렇다고 하면 불편하다. 또한 어려운 이웃을 위해 종교인이는 비종교인이든 가볍고 소소한 봉사활동을 한다고 했을 때 역시 후원금을 이야기하며 몸의 봉사가 아닌 돈의 봉사를 봉사로 생각한다면 불편하다.

돈을 지원하는 것도 봉사이고 그 외에 어떤 경우든 도움을 주려는 마음으로 했다면 모두가 봉사인 것이고 사회적 가치가 있는 일이고 무엇이든 모두 할 수 있는 일이다. 그런데 중요한 가치 하나는 다른 봉사자가 봉사의 내용을 알았을 때, 그것 때문에 불편해하면 안 된다. 함께 봉사를 하든 따로 봉사를 하든 겸손해하는 마음과 행동으로 하는 것 또 그렇게 보여주는 것, 그것 또한 가치이기 때문이다.

가치에 대해서 할 말이 엄청 맴도는데 사실 방향이 약간 빛나갔다. 그래도 삶의 가치가 무엇인지를 한번 두 번 계속 생각하면서 자문해 볼 필요는 있을 것 같다.

오늘 내가 한 일은 가치가 있고 그래서 내 오늘의 삶이 가치 있는 삶이었는가?

특별히 답할 것은 없지만 그래도 나 자신에게 스스로 답한다면 해 보겠다. 오늘 나는 한 일이 없고, 그렇다고 살 가치까지 없다고는 할 수 없으니까 살아가자. 내일은 좀 가치 있는 일이 있었으면 좋겠다 하고 말하고 싶고 아니면 막무가내로 기도하고 싶어진다. 기도는 받을 사람이 없다는 것을 알고 있으니 나 스스로 기도하고 나 스스로 받아줘야겠다. 아무 하는 일이 없어서 피곤한 것도 없으니 오늘 하루가 어렵지도 않다. 내일은 솔직히 또 아무 일 없이 하루가 지날 것이다. 그렇다면 언제 가치 있는 일을 하고 언제 가치 있는 삶을 살 것인지 말할 수 없다는 것인가? 그렇다.

가까운 시일을 물어보지 말았으면 좋겠다. 스스로 어렵지 않아서 그런 게 아니잖은가. 어쩔 수 없다는 것을 서로 알면서 꼭 모르는 것처럼 하려는가. 서로가 처해있는 그 상황을 보아주는 것에도 마음을 이해해주는 사회적 가치라는 게 있지 않을까 싶다.

빈 칸 2 : 추억 또는 한마디, 쓰고 싶은 것 쓰기.

1.

2.

3.

4.

# 시간 때우기

01-04-0004

/

2018.03.22.(목)

며칠 전에 봄을 시샘하는 꽃샘추위가 심술을 부리려고 했는지 눈도 오고 비도 오고 그랬던 날씨가 오늘은 기분 좋게 만들려는지 화창합니다.

실제로 꽃샘추위라는 게 있는지 궁금해서 네이버 검색을 하니, "한민족문화 대백과사전"에는 "꽃샘추위(the last cold snap)의 정의 : 이른 봄철의 날씨가 꽃이 피는 것을 시샘하듯 일시적으로 갑자기 추워지는 기상 현상"이라고 설명되어있고, "두산백과사전"에는 "꽃샘추위(recurrence of cold) : 봄에 북쪽의 한랭 건조한 시베리아고기압이 일시적으로 강화하여 대륙기단의 성질을 가지는 북서계절풍이 불어와, 기온이 갑자기 내려가는 현상으로 시베리아고기압이 영향을 미치는 북한, 중국, 일본 등의 동아시아 지역 국가들에서 발생하며, 거의 매년 같은 시기에 발생하는 기후 현상으로, 따뜻한 봄 날씨 속에 꽃이 피는 것을 시샘하듯이 춥다는 의미에서 붙여진 이름이다. 중국에서는 봄추위라는 뜻의 '춘한', 일본에서는 꽃추위라는 '하나비에', 북한에서는 '꽃질투추위'라고 부른다."라고 되어 있나.

간단히 단어만 존재하나 알아보려고 했더니 위의 설명이 다가 아니라 설명하는 내용이 복잡하게 더 있다는 것인데, 주제는 없지만 그래도 주제와 상관없다고 하고 과감히 생략한다.

아래에는 한 장소에서 찍은 사진을 3장으로 캡처 및 조정해서 올렸습니다. 이 사진을 보고 겨울인지 봄인지 맞추어 봅시다. 사진은 한 장소에서 한 장의 사진입니다.

비가 부슬부슬 내려서 날씨도 좀 흐리고 느티나무 은행나무 소나무 거기에 참새 여러 마리가 앉아 있는 사진입니다. 사진으로 보면 잘 찍은 사진은 아니겠지만 동양화 중에서 수묵화 그중에서도 참새가 들어있는 그림이라고 생각하면 "아하! 이렇게 그리면 참새의 모양이 그려지겠구나."하고 생각하게 되어 찍은 것이겠지요.

제가 생각한 것이 조금이라도 이해가 되신다면 약간 엉터리인 사람이 됩니다. 왜냐하면 흑백사진을 찍은 것이 아니고 그냥 핸드폰 컬러사진이 날씨가 흐리고 역광으로 찍어서 이렇게 흑백의 사진이 된 것이고 또한 참새의 모양이 그려지겠구나 하고 생각하게 되어 찍은 게 아니라, 찍고 난 후에 사진을 보면서 그렇게 생각한 것이기 때문입니다.

사진은 2018년 3월 19일(월)에 찍은 것입니다. 봄이지요. 그런데 항상 이 시기에 이런 추위를 반복합니다.

꽃샘추위는 사전에서 설명되어 있듯이 기후 현상입니다. 그런데 그게 그렇구나 하고, 그 현상에 대해서 아무 말 없이 그만둔다면 사람이 아니지요. 아마 이런 말을 만들어 내면 꽃샘추위를 더 재미있게 만들겠지요. 그러니까 우수 경칩이 지나고 춘분 전후에 꽃샘추위가 한번 그리고 봄 중후반인 4월 중순 어느 날에도 한 2 내지 3일 정도 찬비, 센 바람, 그리고 눈 또는 우박이 내립니다.

사람들이 봄이 왔구나 싶을 때 그래서 이제는 추위가 물러났다고 방심하고 있을 때 한 번 정도 경각심을 갖게 심할 정도의 심술을 부린다고 말입니다. 그냥 멍하니 새봄에 취해 마음이 풀어지면 안 된다는 경고 같은 것이지요. 그러다가 사람들은 꽃샘추위가 한 번 지나고 나면 이제는 정말로 완연한 봄이구나가 아니라 여름의 초입으로 생각합니다. 그런데 살다 보니 완연한 봄으로 느낄 때쯤 시베리아고기압이란 게 늦게 한 번 또 심술을 부립니다.

앞선 3월경의 꽃샘추위는 대부분의 사람들이 잘 알고 있고 봄으로 바뀌는 애매한 시기에 찾아오는 추위라는 걸 알기 때문에 그리려니 합니다. 문제는 뒤에 찾아오는 4월의 어느 날 찾아오는 늦은 꽃샘추위입니다.

사람 개인적으로도 많이 느슨해진 추위로 즉 살랑살랑 불어오는 봄바람으로 안심을 하고 있을 때 느닷없이 찾아오는 한방이 있는 추위가 사람을 상傷하게 합니다. 이것을 환절기換節期라고 하고 이때 고뿔이라고 불리는 감기感氣에 걸려서 많이들 불편해합니다.

감기에 걸리면 여러 종류의 약을 먹으며 좋아지기를 기다립니다. 감기를 낳게 하는 직접적인 치료제는 없습니다. 인후통이나 근육통 열감 등을 완화시키는 작용을 하는 성분들을 조성하여 약을 만들어서 감기약이라고 해서 판매를 합니다.

감기는 가장 오래전에 병으로 인식하고 있었기 때문에 과학적이든 비과학적인 치료방법이 가장 많을 것입니다. 이것은 잘 알지 못하기 때문에 그렇다고 확신하는 것이 아니라 그럴 것이라 추정해 봅니다. 여기에서 비과학적이라고 말 한 방법들이 시중에서 말해지는 민간요법들이겠지요. 잘은 몰라도 언 듯 생각나는 민간요법들이 제법 있는데, 파 뿌리 삶아 먹기, 배즙 내어 먹기, 귤껍질 삶아 먹기, 대추 끓여 먹기, 고춧가루 듬뿍 넣은 콩나물국 마시기 등 그리고 신빙성이 많이 떨어지는 것 중의 하나가 감기가 열에 약하다 해서 소주에 고춧가루 타서 마시기 같은 것이고 거기에 덧붙여 사우나 같은 체온을 덥히기 위한 장소를 찾는 것입니다.

아무래도 지나친 행동인 것 같습니다. 왜냐하면 초등학교 정도에서부터 배운 상식하나, 사람도 동물이고, 동물 중에 체온이 변하지 않는 동물은 항온동물이고, 항온동물은 체온을 일정하게 유지하는 동물이라는 것입니다. 다들 알고 있는 것 아닙니까?

감기에 대해서 간단하게 추천하고 싶은 게 있다면, 시간을 약으로 생각하고 기다리라는 것인데, 그때 체력을 떨어뜨려 몸을 약하게 하는 소모성 질환消耗性 疾患인 감기에 대항하기 위해서는 우선 잘 먹고 거기에다가 비타민 C가 많은 귤, 오렌지 그리고 열을 내리기 위해 틈틈이 물을 많이 마시는 게 어떨까 생각합니다.

이런 말을 하다 보니 또 다른 비과학적인 민간처방 하나를 만들어 내는 것 같습니다. 그런데 감기에 걸리면 대개 이렇게들 하고 있었지 않았나요. 사람 개개인은 갑자기 찾아온 늦추위에 이렇게 대처하며 살아가면 되는데 걱정은 농민들입니다.

농업은 사람들의 먹거리를 생산하는 일입니다. 농업에서 제일 어려운 게 무엇일까요? 농민들이 농작물을 생산하는 활동은 살아 있는 식물을 먹을 수 있을 정도로 성장시키는 활동으로 절대적으로 기다려야만 되는 시간입니다. 시간. 매번 별게 아닌 것처럼 말하곤 했지만, 최종적으로 시간입니다.

요사이 농업은 플라스틱 온실을 사용하기 때문에 시간의 구애를 받지 않지만 그래도 일반적인 농업의 시작은 비교적 이른 2월경에 파종을 하고 3월경에는 이식 및 정식을 하면서 가장 약한 생명력을 유지하고 성장할 힘을 만들어 내기 위하 가장 어려운 시간을 맞게 됩니다.

식물에서 가장 약한 때가 씨앗이라고 생각할 수도 있지만, 씨앗은 강한 생명력의 원천입니다. 씨앗은 어떤 경우에도 싹을 틔워야 하기 때문에 어느 한 식물의 가장 강한 상태입니다. 물론 씨앗 자체에 생명력 즉 활력을 가지고 있는 씨앗이라 하면요. 노래에도 나오는 민들레 홀씨, 항간에 이 표현이 잘 못 되었다고 하기는 하지만 어찌 되었든 노래 가사에 등장하는 민들레 홀씨라고 하는 민들레 씨앗은 바람에 날려 어디로 갈지 모르지만 적당한 곳에

낙하하면 반드시 살아납니다. 너무 가볍고 너무 약하고 그래서 훨훨이라고 표현했으니까요.

갑자기 찾아온 눈과 우박 그리고 센 바람은 플라스틱 온실에 영향을 미치는데 아주 파괴적으로 못 쓰게 하거나 심각하게 파손을 당하거나 한다. 그 플라스틱 온실에서 자라야 할 농작물들 즉 식물들은 오랜 시간 동안 노출이 되어 냉해를 입는 게 아니라 아주 짧은 시간의 노출에도 치명적이다. 싹에서 조금 더 자라나면 묘苗라고 해서 잠실전에 가장 약한 생명력을 유지하는 시간이라고 했듯이 생사生死의 갈림길에 놓여있는 것이다.

또 한 번 초등 정도의 지식이 필요하다. 생명체를 구성하는 최소 단위는 세포細胞이고 이렇게 시작해서 식물 세포가 얼어서 파괴가 되면 영원히 수리도 불가능하고 재생도 할 수 없는 상황이 된다. 결국 플라스틱 온실의 파괴로 인해서 새싹이라든가 묘는 죽게 된다. 그러면 결국 그만큼의 시간 즉 씨앗을 뿌려서 싹이나 묘가 되기까지의 시간이 원점으로 돌아간다는 말이 된다.

그것은 농민들이 생각했던 예상 이익의 손실만이 아니라 기회손실은 물론 노동력과 농자재 비용 등 이루 말할 수 없는 큰 손해를 가져다주게 된다. 그런 일이 반복되어 왔는데 다행히도 매번 같은 지역 같은 장소 같은 작물이 아니라는 것은 다행이지만 다시 생각하면 우리나라 곳곳에 돌아가면서 그런 손해를 입히게 된다는 것으로 생각할 수 있다. 참, 사람이 인위적으로 자연을 통제할 수 없는 일이나 안타까운 일임에는 틀림없다.

모든 것이 다 타이밍이라는 적시 또는 적기 즉 그에 맞는 시간이라는 게 있다. 농민들에게 이런 기회를 빼앗아 가면 얼마나 많은 어려움을 주겠는가 한 번이라도 생각해보고 가능하면 두 번이든 세 번이든 생각하면서 살아야 하지 않나 싶다.

물론 고생한다는 의미에서 물고기잡이, 조개잡이를 하는 어민인들 그런 기상 상황이 도움을 주겠는가? 농민 어민 외에도 우리가 생각하지 못한 여러 분야의 여러 사람들이 어려움을 겪고 살아가야 한다.

자연을 이기려고 하면 안 된다는 것은 알고 있지만, 간혹 자연의 여러 조화에 버텨보려고 하는 경우는 제법 많다. 그래서 뉴스를 통해 알게 된 사실은 참혹慘酷함이다. 죽음이다.

사람들이 산다고 하면서 경제적 어려움을 삶 전체가 어려운 것으로 생각하는 경우가 많은데, 경제적으로 사는 게 어렵다는 것은 이해하나 삶 전체가 어려운 게 아니다.

사는 방법이 무엇이 있나도 생각해보자. 나는 그것을 스스로 가난하게 사는 방법이라고 생각한다. 가난하게 사는 게 방법은 아닌 것 같은데 뭐 특별히 다르게 말할 단어도 찾기 쉽지가 않다. 혹시 가난하게 삶고 싶은 마음. 이것도 아니다. 그냥 그렇다고 하고 한 발짝 넘기자. 이렇게 산다고 하면 또 많은 사람들이 말도 안 되는 일이라고 한다. 말이 안 되는 경우가 이것뿐이야 묻는다면 자신 있게 답할 수 있나.

이거 웬일인지 몇 마디 멋있는 말들이 마지막에 만들어지는가?

쓸데없이 겉 멋이 들어가는가? 설마 평생 멋있는 말 일지라도 몇 개나 나오겠어. 그냥 한마디 얻어걸렸다고 하자. 아니지 누군가 했던 말을 주워 쓰면서 혹시 그 사실도 모르고 이랬는지 모르겠다.

사진 한 장을 보여주며 이게 겨울이게 봄이게 했던 질문이 아무 뜻이 없다는 것을 아셨겠지요. 예. 아무 뜻이 없습니다. 그러면 왜 사진을?

사람들 사이에 무엇인가 지나치게 많다거나 할 때 흔히 쓰는 비유가 홍수라는 단어입니다. 요사이 사람들에게서 홍수는 비디오입니다. 그렇다면 대홍수는 무엇일까요. 다름 아닌 사진입니다. 그런데 너무 터무니없는 사진 대홍수의 시대입니다. 길거리에 예쁜 개가 지나도 무차별 사진 찍히는 경우를 봅니다. 또한 음식점에서 별거인 거나 별거 아닌 것이나 우선 찍어야 하는 시대입니다.

그런데 그 찍은 사진을 가만히 감상하면서 되돌아보는 사람은 별로 심지어 거의 없는 것 같습니다. 순간의 선택에 대한 감동을 잃어가고 있습니다. 오히려 너무 많이, 너무 빠르게, 너무 쉽게, 너무 많은 대상에 대해서 사진을 막 찍어 대니까요. 순간의 선택에 대한 감동이 없어진 것이라면 가치도 없다고 봐야 할 것 같은 생각을 하기 때문입니다. 물론 평생에 한 번이라도 더 보기 위해 필요하다면 그럴 수도 있어요. 그런데 평생에 한 번이라도 더 보고 싶은 것이 수천 장 수만 장이 된다면 이것 또한 말이 안 되는 것 아닌가요?

인터넷 블로그 등 여기저기를 돌아다니다 보면 모두 감동스럽고 감탄스러운 사진들로 가득해서 놀라 자빠졌어요. 그래서 이제는 모니터 화면에 사진이 나오면 보는 척도 안 하고 화면을 올리거나 내리거나 그 사진에서 빨리 멀어지는 경우가 되었답니다.

그래서 가급적이면 사진을 쓰지 말자. 사진도 보기 싫어하는데, 글은 읽겠는가? 라고 생각해도 그래도 글만 많이 쓰자. 글로 화면을 채우고 문단을 바꾸고 하면 결국 글은 흑과 백의 조화 즉 흑백黑白의 조화예요. 이렇게 나는 생각했다는 것이네요.

아직 3월입니다. 4월에 해야 할 말을 조금 일찍 했는가 싶네요. 그런데 서로가 별로 신경 쓰지 말자고요. 시간을 때우는데 뭔 이유가 있겠어요. 아무 때나 아무렇게나 시간이 가면 되잖아요. 그래도 아깝다거나 안타까운 마음이라거나 이런 게 하나도 없는 것은 아닙니다. 그런 마음이란 게 조금일 뿐입니다. 허공에 대고 하는 말은 아니고, 그냥 속삭임 일지도 모르지만, 그냥 힘내세요, 그냥 오늘 사세요, 그리고 그냥 내일도 살아봐요, 이렇게 빈말을 합니다.

빈 칸 3 : 추억 또는 한마디, 쓰고 싶은 것 쓰기.

1.

2.

3.

4.

# 시간 때우기

01-05-0005

/

2018.03.26.(월)

오늘은 산업혁명産業革命, industrial revolution에 대해서 생각해 볼까 합니다. 많은 사람들이 산업혁명에 대해서 멋있게 말하고 환상적으로 말하고 그렇지만 나는 과거도 현재도 미래도 잘 모르기 때문에 지금 잘 알고 있거나 아니면 척하거나 하는 그런 사람들처럼 그렇게 잘 말할 수는 없습니다.

사람들은 휴대폰 핸드폰 cellular phone handphone 등 같은 기계를 놓고 부르고 싶은 대로 부르고 있는데, 잘 알고 있고 잘 쓰고 계시나요. 지금 이 기기는 몇 차일까요?

지금까지 말해지고 있는 산업혁명은 1차 2차 3차 4차까지는 공식화 내지 일반화 되고 있는 것 같고, 어떤 사람들은 5차 산업혁명까지 말합니다. 산업혁명을 말하면서 차수는 몇 년 몇 월에서 몇 년 몇 월까지라고 말할 수 없습니다. 살다 보니 대략 4차 산업혁명 초입 정도이겠구나 생각했는데, 이 정도만 해도 눈이 돌아갈 정도로 휙휙 뭔가가 새로운 기술이나 기계나 삶의 방식이 지나가는 것 같은데, 역시 뭔지는 잘 모릅니다.

대략 짐작으로 생활하면서 인공지능 스피커라고 해서 명령 속 무엇인가 원하는 것을 말하면 기계가 알아서 자동으로 명령을 수행하는, 즉 가정자동화(home automation)에서 더 진척된 스마트 홈(smart home) 기술이 많이 진행되었다는 것 그리고 가상현실(virtual reality) 게임 같이 고글 안경을 쓰면서 실제 현실과 같이 느끼는 그런 오락도 많이 개발된 것 같다는 정도입니다. 한마디로 사용하는 데 매우 편하고, 재미 삼아 놀기에도 손쉽고 매우 재미있고 그런 것 같은 물건들인데, 결국 시중에서 그것을 이용하기 위해서는 비용을 많이 지불해야 하는 것이구나 또는 새로운 산업이로구나 하는 정도로 이해가 될까요? 우선 아직 모른다고 하는 게 좀 편하겠습니다.

산업혁명을 설명하는데 잘 모르는 내가 하는 것보다는 잘 아는 사람의 설명이 편할 것으로 생각을 해서 자료를 찾아보니 우리나라의 산업통상자원부에서도 개념 정리에서부터 시작하여 4차 산업의 내용과 관련 분야의 현황과 발전 방향 및 향후 계획 등에 대한 보고서가 있습니다.

2017년 5월 산업통상자원부가 발행한 "산업부가 바라본 4차 산업혁명 코리아루트(The Fourth Industrial Revolution : In Search of a Korea Route); 약칭 : 보고서"라는 230여 페이지의 보고서가 있습니다. 이 보고서는 산업통상자원부(약칭 : 산자부) 홈페이지를 방문하면 누구나가 읽어 볼 수 있다.

산업혁명에 대해서는 산자부 보고서를 읽어보면서 이해하기를 권하지만, 우선 필요한 대로 4차 산업혁명에 대한 소개를 보고서 8~9페이지에서 정의한 내용은 아래와 같다.

인용 : 4차 산업혁명의 의미는 무엇인가? 아직 널리 통용되는 개념적 정의(Conceptual Definition)를 확인하기는 어렵다. 클라우스 슈밥 회장은 "물리적 세계(Physical Sphere), 디지털 세계(Digital Sphere), 생물학적 세계(Biological Sphere)의 경계가 사라지는 기술적 융합(Fusion of

Technologies)*"으로 4차 산업혁명을 설명한다. 독일 정부가 2011년 하노버 박람회에서 차세대 제조업 발전전략으로 제시 한 'Industry 4.0'보다는 넓은 의미로 읽혀지나 여전히 개념이 모호하다. 그러다 보니 제조혁신 4.0, 초연결사회, 지능정보사회 등 관점에 따라, 또 강조하고 싶은 포인트에 따라 4차 산업혁명을 설명하는 다양한 함축적 표현들이 등장한다. 통일된 개념적 정의가 반드시 필요한 것은 아니지 만 4차 산업혁명에 대한 사회적 논의를 보다 생산적인 방향으로 유도하기 위해서라도 4차 산업혁명에 대한 일종의 조작적 정의(Operational Definition)를 시도할 필요가 있겠다.

* Klaus Schwab, "The Fourth Industrial Revolution: what it means, how to respond," World Economic Forum, 14 Jan 2016, http://www.weforum.org/agenda/2006/01/the-fourth industrial-revolution-what-it-means-and-how-to-respond (끝)

이 인터넷 주소를 따라가면 그림처럼 클라우스 슈밥의 글도 읽어 볼 수가 있습니다. 사진에는 농촌인 것 같은데 드론이 맨 앞에 등장을 했는데 아마 택배 드론이 아닌가 하는데 어떤 상징을 나타내려고 했겠지요. 읽어보면 참고가 되겠지요.

결국은 2017년 5월의 보고서에 따르면 4차 산업혁명이 아직 뭔지 잘 모른다는 것으로 생각해 볼 수가 있습니다. 하기야 잘 모른다고 하는 게 잘못은 아닙니다. 세상의 많은 것들이 워낙 다양하게 변하고 워낙 빠르게 변하니 그럴 수밖에 없을 것 같습니다.

그래서 조금 더 보고서의 내용을 인용해야 할 것 같습니다. 제가 아는 것도 그렇고 설명하는 것도 그렇고 해서 말입니다. 보고서의 8~10쪽의 내용을 편집해서 보면 아래와 같습니다.

WORLD ECONOMIC FORUM Agenda Initiatives Reports Events About TopLink

Global Agenda | Fourth Industrial Revolution

## The Fourth Industrial Revolution: what it means, how to respond

14 Jan 2016

**Klaus Schwab**

Founder and Executive Chairman, World Economic Forum Geneva

**We stand on the brink of a technological revolution that will fundamentally alter the way we live, work, and relate to one another. In its scale, scope, and complexity, the transformation will be unlike anything humankind has experienced before. We do not yet know just how it will unfold, but one thing is clear: the response to it must be integrated and comprehensive, involving all stakeholders of the global polity, from the public and private sectors to academia and civil society.**

그림 : 세계경제포럼, 클라우스 슈밥의 글 첫 화면 캡처 (상기 인터넷 주소로 찾으면 됨)

인용 : 역사적 산업혁명을 돌이켜보면 실마리가 보인다. 영국의 경제사학자 아놀드 토인비(Arnold Toynbee)가 '산업혁명(Industrial Revolution)'이란 용어를 처음으로 대중화시킨 이래, 인류는 – 비록 논쟁의 여지는 있지만 – 세 번의 산업혁명을 경험했다. 18세기 증기기관이 발명되면서 '생산의 기계화'를 의미하는 1차 산업혁명이 시작되었다. 대량생산과 컨베이어 벨트로 상징되는 2차 산업혁명은 19세기 전기의 발명과 함께 본격화되었다. 20세기 컴퓨터와 인터넷의 등장은 '생산의 자동화'라는 3차 산업혁명의 동인이 되었다.

세 차례 산업혁명 모두가 나름의 특징이 있지만, 이른바 파괴적 기술(Disruptive Technologies)이 나타나 특히 제조업 분야를 중심으로 혁명에 버금가는 수준으로 생산성이 폭발적으로 증가하면서 사람들이 일하는 방식, 살아가는 방식

등 사회 전반에 대변혁을 가져왔다는 공통점을 확인할 수 있다.

그러면 어떤 파괴적 기술이 또 한 번의 새로운 산업혁명을 촉발하고 있는가? 다양한 견해가 있지만, 전문가들의 의견을 종합하면 인공지능(AI, Artificial Intelligence), 사물인터넷(IoT, Internet of Things), 빅 데이터(Big Data), 로봇(Advanced Robotics), 3D 프린팅(3D Printing) 등 ICT 기반 5가지 기술을 4차 산업혁명의 대표적 기술 동인으로 볼 수 있다. (중략)

3차 산업혁명 시대까지는 인간과 인간이 경쟁했다고 한다면 이제 4차 산업혁명 시대는 인간이 기계와 경쟁해야 하는 시대다.

이런 관점에서 4차 산업혁명을 조망해보면, "인공지능 기술을 중심으로 하는 파괴적 기술들의 등장으로 상품이나 서비스의 생산, 유통, 소비 전 과정이 서로 연결되고 지능화되면서 업무의 생산성이 비약적으로 향상되고 삶의 편리성이 극대화되는 사회·경제적 현상"으로 4차 산업혁명을 정의할 수 있다.(끝)

또한 보고서 10페이지의 아래 그림을 보면 말로 설명한 것을 보다 쉽게 이해할 수 있을 것으로 보이기에 인용하였다.

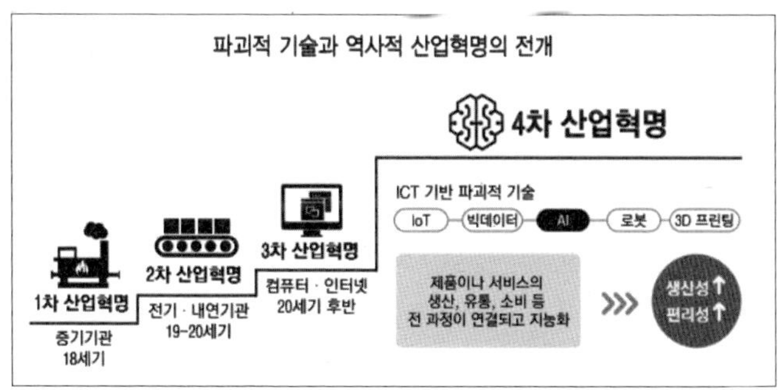


그림 : 보고서 10쪽의 4차 산업혁명을 소개하는 그림 캡처

말로 해설한 내용도 있고 그림도 사용하면서 4차 산업을 설명하려고 했지만 젊은 세대의 사람들은 자기들이 미래에 살아가야 할 세상이니까 좀 더 이해를 하고 있는지는 모르겠지만 흔히 연식이라고 농담하는 인생 후반부의 중장년 내지 노년들은 알아듣기는커녕 발음도 잘 안 되는 생소함이 있다.

게다가 최근에는 5차 산업혁명이라는 단어가 등장했는데, 2017년 동아일보의 기사로 기사 제목이 '대한민국의 5차 산업혁명'(이학렬 前 고성군수, 대양미디어, 2017. 03)이다. 그 책의 요지는 다음과 같다고 기사에는 전하고 있습니다.

인용 : '생명환경 농업'을 시작으로 인류의 차세대 주력산업이 되어야 할 '생명산업(LT) 시대'로 과감하게 진입하는 것이 5차 산업혁명의 요체라고 주장한다. (중략) 그는 "LT 산업을 우리 사회의 주력 산업으로 만드는 5차 산업혁명이 절실하다"라며 "이를 통해 사람의 일자리를 만들고, 사람이 있어야 할 자리를 되찾고, 무엇보다 사라져 가는 인간성을 회복해야 한다"라고 강조했다. (끝)

이 책을 안 읽어봐서 뭐라고 말하기는 어렵습니다. 얼핏 정치적인 색도 묻어있는 것 같기도 한데 그것도 모르는 일입니다. 책 내용에 대한 요지에는 생명산업과 궁극적으로 인간성 회복 같은 내용이 있는 것 같습니다.

4차 산업혁명도 어색한데 왜 5차 산업혁명이란 것을 말이 되든 안되든 간에 소개를 했냐면, 이 인간성 회복이란 단어 때문인 것 같습니다. 인간성이 뭐 어떻길래 그 인간성을 회복까지 해야 할까요? 아마 이것도 따지고 들면 뭔가 복잡하고 문제가 있으니까 그럴 것이라 생각은 하지만 지금도 뭔가 방향을 잃고 이리저리 헤매고 있는 것 같아 과감히 끊습니다.

언급이라도 된 5차 넘고, 한 번도 언급조차 되지 않은 6차도 넘고 이렇게 산업혁명의 차원이 7차 8차로 높아 가다가 만약 9차 산업혁명이라는 게 있다면 어떻게 될까요? 아마 당연히 모른다고 할 겁니다. 운이 좋아서 평균수명을 살아내고 조금 더 살고 있을 때, 기술의 발전이 어떨지 모르겠지만, 그 산업혁명의 주제와 내용을 알지는 못하지만 7차 정도에 달나라로 한 일주일 머리 식히러 갔다 오자고 할 수 있을지도 모릅니다.

그러면 8차 산업혁명이 시작되고 성숙해졌을 무렵이면 "야 달나라에 가서 점심이나 먹고 오자"는 시대가 되지 않을까요? 지금 엄청 골머리를 앓고 있는 아인슈타인의 상대성이론 같은 것은 우주선 타고 슬쩍 지나가면서 저게 그 상대성이론이라는 거야라고 하면서 다니겠네요. 상대성이론 초기에는, 오는 기자와 가는 기차의 상대성이라든가 엘리베이터를 타고 올라갈 때와 내려올 때의 예를 가지고 설명했던 내용을 눈으로 보면서 우주 공간을 지나다니겠지요.

산업혁명 9차는 사람들이 달나라에 갈까 안 갈까 궁금해집니다. 사람들이 어디에 살든지 자기가 살고 있는 동네에 조금이라도 역사적 사실이 있거나 유물이든 유적이 있거나 여하튼 관광의 소재가 있을 때 방문을 하거든요. 멀리에서 찾아오는 사람들이 내가 사는 곳의 관광 장소를 물어보면 오히려 내가 모르는 경우가 많습니다. 달나라가 그렇게 되겠네요. "야 달나라에서 모닝커피 한잔하던가 아니면 콩나물 해장국이나 명태 해장국이나 하고, 독수리 자리나 한 바퀴 돌고 오자"고 말할지도 모릅니다. 그런 데를 일부러 달나라에 관광한다고 가겠습니까?

우리들 사람들이 마음속에서 간직하고 있던 달나라의 토끼는 아마 달나라 동물원에서 쌀을 빻든가 떡을 치든가 하는 쇼를 해야겠지요.

달나라라는 말을 해보니 또 엉뚱한 생각이 듭니다. 1960년대인가 아폴로 우주선이 월면 착륙에 성공했고, 암스트롱 연배로 보면 형님은 아니고 아저씨인데, 그 아저씨 발자국이 돌아다니다가 지쳐 지금은 아무도 관심이 없어진 것 같은데 말입니다.

그 이후 지난 시간이 얼마인데, 시간이 정치에서의 국민이나 경제에서의 분배나 인간의 이기적 본성이나 몇몇 어떤 부분에서는 발전했다고 하나 비실비실 지나간 것도 있겠지만, 물리 화학 기계 천문에 관련된 과학기술의 발전은 비약적 즉 튀어 올랐다고 할 수 있는 정도인데도 아직도 달에 갔다가 오는 정기 우주 왕복선이 없다는 것이 궁금합니다.

그러면 그때 즉 9차 산업혁명이 시작되어 성숙한 시기에 태어난 아이와 청년과 장년과 노년을 맞는 사람들은 어떻게 살까요? 어떻게 보다 왜 살까요? 무엇을 하며 살까요? 무엇을 위해 살까요?

지금까지 사람이 사는 것에 대한 몇 가지 근본적인 질문들에 얼마나 많은 답이 있었을까요. 아마 어마어마할 것으로 생각합니다. 그러나 그 결과는 항상 변변한 답이 된 적이 없는 것 같습니다. 그런데 이런 답 없는, 아니지 변변한 답이 없는 물음들이 또 등장합니다.

분명 발전은 사람들에게 많은 혜택을 주는 것임에는 틀림이 없습니다. 사람들이 겪는 배고픔을 해결하는 데에도 농업과 작물 등에 필요한 과학기술이 쓰이고, 몸이 아픈 사람에게는 약을 만드는 과학기술이 필요하고 등 사람들이 사는 어느 곳에서나 모두 필요합니다.

그런데 발전의 속성을 얼핏 이라도 보면, 발전의 주체는 돈 벌려는 사람들이 진척을 시키면, 대개는 돈도 별로 없는 사람들이 돈을 쓰려고 하면서 발전의 추진력을 또 돈이라는 것으로 만들어 줍니다.

내가 그때 살 사람은 아닙니다. 시간이 더 지나도 살아 있어야 할 테니까요. 수명에 대한 과학이 좀 더 발전하겠지만 수명연장에 대한 과학기술이 무한 발전하지는 않을 테니까요. 그래서 운명이라는 게 있겠고, 별생각이 없어도 있는 게 맞을 것 같아요. 철없는 말이겠지만, 사는 것도 지루하지 않겠어요.

그래서 그때 살 사람들이 어떻게 살아갔으면 좋을까를 생각해 봤어요. 그때가 되면 현대를 사는 사람들이 괴로워하는 정신적 육체적 노동이라는 게 살아졌을 정도가 되지 않았을까요. 아마

식량문제도 해결이 되어 있을 것이고, 주거는 식량보다 더 쉽게 해결될 문제일 것 같고요.

그러면 지금의 연예인들이 환호와 열광과 선망의 대상이 되듯이, 한 3~4평 텃밭 가꾸는 사람이 그렇게 되지 않을까요. 그때의 기준으로 보면 영양가 거의 없는 상추 쑥갓 깻잎 부추 시금치를 재배하는 것 감자를 심어 키우는 것 정말 신기할 것 같지 않나요.

말도 안 되는 상상으로 글을 쓴 것 같은데, 이 모든 산업 혁명의 가장 기본은 과연 무엇이었을까요? 이 또한 잘 몰라서 하는 소리일지 모르지만, 회전운동과 직선운동을 이해하기 시작한 것과 그것을 산업에 하나둘 적용하면서 발전을 시작한 것이 아닌가 생각합니다.

핸드폰은 손에 들어갈 또는 손으로 잡고 쓸 수 있을 정도로 작은이라는 뜻으로 생각하고 있는데, 이 기기에는 모터라는 것이 쓰였을까요? 아마 핸드폰 기능 중에 소리 진동 무음 이런 게 있을 텐데, 진동은 초소형 진동 모터에 의해서 이루어지겠지요. 진동에 새로운 기술이 새로 개발되었는지는 모르겠지만 흔히 쓰던 핸드폰에서 진동 모드를 사용하기 위해서 모터를 이용한 것은 맞습니다. 그것도 아주 단순하고 쉬운 이론으로 구현한, 이론까지는 아니고 참신한 아이디어 정도라고 볼 수 있는, 즉 회전축에서 약간 비껴간 축을 고속 회전시켜서 내는 원리입니다.

왜 이 이야기가 불쑥 들어갔느냐 하면 회전운동을 응용한 예를 설명한 겁니다. 그런데 산업에서 회전운동을 직접 쓰는 경우는 선반이나 밀링 등 회전력을 직접 이용하는 방법이 있고, 이 외에도 예를 들 수 없을 정도로 다양하게 많습니다. 그런데 많다고 하면 간단히 묻는 습관이 모두냐 전부냐 대부분이냐인 것 같은데 당연히 아니지요. 예를 들기가 어려워서 그렇지 회전운동을 직선운동으로 반대로 직선운동을 회전운동으로 이용하는 기술은 매우 다양하고도 많습니다. 그러니 회전운동을 이용하는 것도 많다고 할 수밖에 없고 회전운동과 직선운동을 동시에 이용하는 것도 역시 많다고 할 수밖에는 별도리가 없을 것 같습니다.

차를 운전하면서 시골길을 간다면 당연히 볼거리 즉 경치나 사람들에 대해서 이야기를 나누는 것이 일상입니다. 그런데 지금은 이 차가 어떻게 진행되는지 한 번 생각해 봅시다. 아주 간단하게요.

엔진에서 연료가 폭발하면 피스톤을 움직입니다. 피스톤은 아주 빠르고 반복적인 직선운동을 합니다. 피스톤과 연결된 쇳덩어리는 커넥팅 로드(connecting rod)를 통해 크랭크(crank)에 힘을 전달하면, 크랭크에서는 이 직선운동의 힘을 회전운동으로 바꾸어 전달하면서 회전을 시킵니다. 이게 자동차가 가는 원리입니다. 직선운동을 회전운동으로 바꾼 예입니다. 회전운동의 자취가 도로 위를 지나간 거리가 됩니다. 브레이크를 밟게 되면 회전운동을 멈추게 하는 것이고 크랭크 이전의 직선운동은 살아 있고, 엔진을 정치시키면 아주 안전하게 모든 운동이 사라지고 차는 오로지 중력이라는 힘만을 받으며 가만히 있게 됩니다.

아파트에서 엘리베이터를 이용하는 사람들은 회전운동을 직선운동으로 이용하는 방법을 쓰는 것인데 역시 생각도 안 해 본 것이고 생각할 필요도 없었던 것입니다. 왜 그러냐면 엘리베이터 아저씨가 다 관리해주기 때문에 그렇습니다.

엘리베이터의 작동은 맨 위의 기계실에 회전력을 발생시키는 대형 모터가 표현하기 모호하지만 이리로 돌면 강철 케이블이 풀리면서 화물칸이 내려가고, 저리로 돌면 즉 반대로 돌면 강철 케이블이 감기면서 화물칸이 올라가는 구조입니다. 이리로 돌면과 저리로 돌면은 사실 플레밍의 법칙(Fleming's rule)에 따라 작동되는 것인데, 알아도 물어볼 사람조차 거의 없는 쓸데없는 지식일 수 있다고 할 사람들이 있겠지만 그렇다고 쓸데없는 지식이라고 절대로 할 수 없는 아주 중요한 법칙입니다.

이렇듯 산업혁명이라고 하는 산업의 비약적 발전은 아주 단순하게 생각해 볼 때, 전기에너지를 역학적 즉 기계적 에너지로 전환시키는 모터(motor)의 발전에서 시작되었고, 앞으로의 발전도 모터가 들어가 작동되는 장비의 발전에 의해 진행되지 않을까 생각을 해 봅니다.

모터는 산업혁명으로 보면 2차가 될 것인데, 그때는 전기 공급도 부족해서 그나마 사람들은 겨우 초보적 농기계를 사용할 수 있었고, 대부분 많은 경우 노동력을 그것도 대가족인 가정에서 많은 부모의 형제와 그 형제들의 자식인 세대들과 그 후 세대 자식들의 노동력이 필요했을 것입니다.

지금은 젊은 세대들은 사극 연속극을 연기하는 연기자들의 피상적인 모습으로나 볼 수 있는 그래서 상상이 잘 안 가는 모습이 될 것 같지만 아직도 60대 후반이나 70~80대의 어른들은 익숙한 모습입니다. 그런데 그렇게 사는 것이 불행을 그러니까 행복하지 않았다는 것을 말하지는 않습니다. 사는 게 고단했다고는 할 수 있겠지요.

지나치게 빠르게 변화하는 세상과 그 세상을 살아가는 사람들에게 아주 너무나 너무나 오래된 것 같은 이야기를 한 것 같지만 그 오래된 것 같은 생활과 이야기가 그렇게 나쁜 게 아닙니다.

모터를 만들거나 모터의 이용하는 방법 등에는 별 기술이 없어 보이는 것 같아도 아마 이 기술은 인류가 살아가는 한 영원히 함께할 기술일 겁니다. 사람들이 이 세상이 어떻게 돌아가는지 이해를 못 하면서 살아갈 정도로 빠르게 변해가고 비록 모터 자체가 첨단이 아닐지라도 말이에요.

빈 칸 4 : 추억 또는 한마디, 쓰고 싶은 것 쓰기.

1.

2.

3.

4.

# 시간 때우기

01-06-0006

/

2018.04.03(화)

오늘은 나이인지 세대인지에 대해서 쓰려고 한다. 아무 이유도 없이 불쑥 나이나 세대에 대해서 쓰려고 한 것은 아니다. 지금 사회가 여러모로 분화되어서 결국에는 사람들이 사는 것도 "혼밥", "혼술" 등 혼자 생활하는 세대가 되었다. 아직 완전한 대세는 아닐지라도 그 방향으로 진행이 많이 된 것은 사실이다.

간혹 생각한다. 부모? 처? 자식? 이웃? 친구? 삶? 행복? 사랑? 모두 귀하고, 모두 존중해야 하고 그렇지만 생각하면 할수록 하나하나 모두 답답한 단어들이다.

답답함이란 의사가 진단해서 나온 병명이 아닌 이상 설명하기도 어려운 현상이다. 뭔가 이루고 싶은 것을 이룰 수 없는 것에 대한 것 일 수도 있고, 말하고 싶은데 말할 수도 없는 답답함도 있을 것이고 여러 가지가 있겠지만 그냥 설명할 수 없이 느끼는 답답함 이란 것도 있다. 아니 생각보다 의외로 많다.

그 답답함이란 나이에 따라 세대에 따라 다르게 나타나고 다르게 느껴지고 할 것인데 오늘은 이 중에서 문득 신중년이라는 단어가 떠올라 생각을 해 본다. 사실 문득 떠오른 것은 잉겁결에 TV를 통해서다.

신중년은 이전에 살았던 사람들의 나이에 0.85를 곱하는 것이라고 말하는 것을 2018년 3월 29일 목요일 KBS1 TV의 아침마당이라는 프로그램에서 "사랑하기 딱 좋은 나이인데"라는 주제로 심영섭 영화평론가의 강연 초반에서 잠시 들었다. 평소에는 거의 시간밖에 없는데 오늘따라 갑자기 시간 쓸 때가 나타나서 끝까지

보지를 못했다.

이 강연 초반에 들은 것이 그냥 좋은 강연이었어 정도이지 구체적으로 기억이 나는 것은 거의 없다. 불과 며칠이 지난 것 같은데도 기억 너머 저편으로 날아간 것 같다. 벌써 이렇게 되었으니, 세월의 흐름 저 혼자 일등 하듯이 달려가고 있으니 다만 그 의리 없는 시간이 얄미울 뿐이다.

우선 중년이 어떤 경우인지를 사전을 통해 알아보자. 여하튼 나는 무엇이든 잘 모르면 사전을 들먹이는데, 스스로 좋은 습관이라고 칭찬하는 것 중의 하나이다. 실수가 두려운 게 아니라 올바른 정보의 중요성과 가치를 믿기 때문이라고 역시 좋게 평가하려고 한다.

인용(편집) : 2018년 4월 2일 자로 네이버에서 중년을 검색하니 위키백과 검색 결과로 중년은 "중년中年 또는 중장년이라고도 하며, 인간의 인생에서 장년에서 노년 사이의 단계를 이르는 말이다."라고 되어 있다.

그 뒤에 따르는 정의를 보면 "콜린스 사전에 따르면 중년은 일반적으로 대략 40~60세 사이의 나이의 사람으로 간주한다*1. 옥스퍼드 영어 사전 현대판은 비슷한 정의를 제공하지만 더 짧은 기간으로 정의한다. (성인기 전반부터 노인 사이의 생애, 일반적으로 약 45세에서 65세 사이) 미국 인구 조사는 중년을 35~44세와 45~54세 나이대로 분류하지만 저명한 심리학자 에릭 에릭슨은 40~65세를 중년으로 정의했다*2. 미국 정신의학회의 표준 진단 매뉴얼인 정신질환 진단 및 통계 편람(DSM)은 과거에 중년을 40~60세 사이로 정의하곤 했지만 1994년 4차 개정판에서는 최대 40~65세로 정의를 개정했다. 대한민국의 국어사전에서는 중년을 40~50대 안팎의 나이대로 간주한다*3. 하지만 사실, 인간의 네 번째 과정인 중년은 40세~64세이다. 최근은 고령화와 함께 호모 헌드레드 시대가(100세 시대)가 도래함에 따라 50+세대(만40세~69세, 50플러스 세대)라고도 한다. 현재는 주로 1955~1963년생 베이비부머 세대가 주를 이루고 있다."

*1. Middle age. CollinsDictionary.com. "Collins English Dictionary" – Complete & Unabridged 11th Edition. Retrieved December 05, 2012.
*2. McLeod, S. A., Erik Erikson – Psychosocial Stages, Simply Psychology, 2008
*3. "중년: 네이버 국어사전". 2013년 9월 22일에 확인함.
또한 같은 화면에 있던 내용으로 "사람의 발달 과정"을 "유년기·소년기·청년기·장년기·갱년기·노년기"로 구분하고, "중장년은 장년기와 갱년기 두 시기를 함께 어우러 말"로 부연 설명하고 있다. (끝)

잘 정의된 것인지는 모르겠는데, 사전에서 정의한 것을 읽어 보아도 썩 깔끔하지는 않구나 이런 생각이 든다. 다른 것을 찾아보는 것도 의미가 있으려나 생각을 안 해본 것은 아니지만 내가 확실하게 죽기 1년 전이라면 몰라도 비교적 살만한 중년 내지 신중년을 얘기하려고 하면서 더 정확할 필요까지는 없을 싶듯 하다.

중년이란 단어를 사전에서 찾아본 것은 "이전에 살았던 사람"과 "곱하기 0.85"를 알아보기 위해서인데, 여기에서 이전이란 특별한 근거는 없지만 20여 년 전으로 보면 2000년 이후로 보는 것이고 또한 0.85를 곱한 것도 근거가 있다고 하기보다는 평균수명의 연장으로 보아 어림짐작을 한 것이 아닌가 하는 정도이다.

또 하나는 베이비붐(baby boom) 세대의 은퇴와 관련되어 젊은 시절 고생도 많이 하고 일도 열심히 했으며 은퇴 후에는 어느 정도 경제적으로도 풍족한 세대로서 2000년대 이후에 사용되는 용어로 머추리얼리즘(maturalism : 중년 세대가 자신의 삶과 행복을 위해 적극적으로 여가생활과 외모 관리에 투자하는 경향을 일컫는 용어로, 사회적 · 가정적으로 요구된 역할에만 충실했던 기성세대가 자신의 삶을 되돌아보고 결핍됐던 자아실현에의 꿈과 진정한 행복을 중심으로 인생을 즐기기 위해 적극적인 소비활동을 하는 것을 의미) 이란 말이 있다.

여하튼 신중년이란 단어는 현시점에서 사전에서 찾을 수는 없으나, 신문기사 등을 검색하면 알 수 있는 단어이다. 그중에 네이버로 신중년을 검색해 보니 아래와 같이 조선일보(입력 2013.09.09) 기사를 볼 수 있었다.

인용 : 흔히 베이비붐 세대(1955~1963년생)를 산업화 역군役軍이라고 부르지만, 산업화 역군의 '원조元祖'는 신중년(1938~1953년생)이다.

신중년은 '일제강점기 → 8·15 광복(1945년) → 한국전쟁(1950~1953년) → 산업화 시대(1960~80년대)'를 거쳐 IMF 외환 위기(1998년)와 글로벌 금융 위기(2008년)까지 한국사의 질곡을 온몸으로 겪은 세대다. 한국보건사회연구원 정경희 박사는 "(신중년은) 한국이 세계사에서 아무런 존재감이 없던 때부터 경제 발전의 밑바닥을 다진 세대"라고 했다. (하략, 끝)

그리고 위에서 인용한 조선일보의 기사 제목은 신중년을 콕 찍어서 6075 즉 60세에서 75세까지를 나타내는 것으로 보이는데, 아래와 같이 기사 제목이 표현되어 있었다.

인용 : [6075新중년][1]日帝 시대, 6·25 전후 태어나 IMF 때 경제 무대 퇴장 "100세 시대 노후 위해 '평생 근로' 해야 하는 첫 세대"

[新중년층 그들은 누구인가]

최빈국서 경제발전 토대 다지고 70~80년대 '한강 기적' 이끌어(끝)

여러 가지 방법으로 신중년을 설명하는 것이 무의미하다고 보고, 2000년 이전과 이후의 나이에 0.85를 곱하면 어떻게 되는지 잠깐 계산해보자. 나이는 2018년을 기준으로 했을 때, 위에 인용한 기사의 베이비 붐 세대 즉 1955년~1963년생 즉 63세~56세와 신중년 세대 1938년~1953년생 즉 81세~65세가 되는데 50세에서 80세까지 5년 단위로 하자. 생각보다 꽤 넓은 폭이다. 하기야 80세라고 해도 백세시대에는 20년을 더 살아야 하는 것이니까 충분히 이해할 수 있겠다.

표 : 현재 나이에 0.85를 곱한 나이 차이

| 2000년대 이전 | 나이의 명칭 | 2000년대 이후 | 차이 |
|---|---|---|---|
| 50 | 지천명知天命 | 42.5 | 7.5 |
| 55 | - | 46.75 | 8.25 |
| 60 | 이순耳順 | 51 | 9 |
| 65 | - | 55.25 | 9.75 |
| 70 | 종심從心 | 59.5 | 10.5 |
| 75 | - | 63.75 | 11.25 |
| 80 | 산수傘壽, 팔순八旬 | 68 | 12 |

5년 단위로 0.75년씩 증가함을 볼 수 있다. 1년 365일에 0.75년이면 273.75일이고, 5년 마다라고 했으니 1년에 54.75일이니까 대략 한 달 반 이상 두 달 이하 정도가 된다.

이런 계산이 특별한 의미를 갖는 것은 아니겠지만 최근에 100세 시대가 되어 평균수명이 늘어나면서부터 시간을 잘 때우는 것이 문제가 된 것은 사실인 것 같다. 그중에서도 가장 작은 단위의 사회인 가족의 문제가 있는데, 그 가족의 문제는 결국 부부의 문제가 되는 것 같다.

얼마 전까지만 해도 개인 한 사람의 주변에는 친가 외가 처가가 있고, 친가에는 고조까지는 그렇더라도 증조부모와 조부모님들 그리고 아버지와 어머니 그리고 나와 나의 형제자매인 2촌 관계들인 사람들과 매형 매제 형수 제수 등 그리고 조카자식들이 줄지어 달리고, 큰아버지 작은아버지 고모 등 3촌 항렬의 사람들,

그 밑에 4촌 형제자매와 고종 형제자매 그리고 5촌 당숙과 당숙모, 6촌 형제자매 등등 끝없이 이어지는 관계와 관계가 있다. 외가와 처가도 거의 비슷한 얘기가 될 터이고 결국 관계와 관계의 확장에 대한 것이므로 대충 마무리한다.

가만히 생각해보면 복잡해도 너무나 복잡해 보이는 이런 관계와 관계들이 부부간을 피곤하게 했던 게 사실이지만, 그래도 끝까지 가족을 유지시켜주는 역할을 했던 것으로 생각된다. 그런데 지금은 가족이 파괴되어가다시피 했고, 단적으로 친족이든 외가든 처가든 각각의 관계를 이르는 호칭呼稱에 대한 단어가 사라져 가고 있다. 현재 진행형으로는 그 가까운 형제兄弟도 사라질 단어이고 자매姉妹도 사라질 것이고, 친근하게 부르던 누나도 사라질 단어이다. 삼촌三寸이라는 단어는 현재 20대 즉 부모가 40대 후반이나 50대 초반인 경우만 해도 거의 사라져간 단어이다.

부부와 한 자녀가 거의 상식이 되어가는 사회가 되어가고, 그나마 한 자녀도 부담이 되고 심지어는 결혼이 불편한 사회가 막 도래하는 사회가 되어가고 있다. 흙수저라는 말도 들리고, n-포세대라는 말도 들리고 참 인간적으로 듣기 안 좋은 말들이다.

이 이야기는 현재를 중심으로 미래형 사회에 대한 이야기가 될 것이고, 일정한 시간이 어느 정도 흐른 그때 또 다른 생각을 해 보는 것으로 하고, 지금-현재에 대해서 말해 보자.

계절이 봄에서 여름으로, 가을에서 겨울로 바뀔 때를 환절기換節期라고 하듯이 어떤 한 단계에서 다른 단계로 변화하는 것을 과도

기過渡期라고 한다. 세대 간의 갈등, 고령화의 사회적 문제, 부부관계, 졸혼의 등장, 노인에 대한 거부감 등 지금은 과도기의 시작이 아니라 중간도 더 지난 시기로 보인다.

위에 열거한 여러 사회적 문제들이 하나하나 대단한 것으로 인식하기 보다는 알게 모르게 생활하면서 하나둘씩 사회문제로 불거지면서 인식하고 점차 심각해지는 경우로 바라보게 된다. 가령 노인 문제를 예를 들면 노인은 일단 나이가 많다는 것이고 그때 신체적 노화에 따른 질병이 많이 발생하고 의료비가 상당히 급격하게 상승하게 되는데, 결국 이들 비용이 개인적으로 해결하는 게 아니라 의료보험을 통해 사회적인 지원을 받아서 이루어지게 된다.

사회적 지원이란 직장인들의 월급이나 사업가들의 이익 등 수입을 발생시켜, 그 수입의 일정 부분을 의료보험료라는 비용으로 지출을 해야 한다. 그런데 이 비용이 증가하고 있다는 것이 문제로 인식이 되면서 노인에 대한 거부감으로 보이고 있다는 것이다.

그것과 거의 같은 이유로 정부에서도 노인들에게 주는 여러 가지 혜택의 기준이 만 65세인데 이게 너무 이르다는 얘기들이 많다. 물론 거기에 들어가는 재원도 생각보다 많은 것으로 추산되면서 그래서 노인의 기준을 만 70세로 상향시켜야 한다고 하는 말들이 나오곤 한다.

가장 흔한 말로 늙는 것도 서러운 데라는 말이 있는데, 서러운 게 맞는다는 생각이다. 왜냐하면 힘이 없으니까 그렇다. 정식 노래인지는 모르겠지만 "노새 노새 젊어서 노새, 늙어지면 못 노느니라, 화무는 십일홍이요, 꽃도지면 기우나니라"라고 하는 게 있었던 것 같다.

화무십일홍花無十日紅이라는 말은 "꽃이 10일간 붉지는 않다"라는 뜻으로 직역되고, 무엇이든 "한번 성했다가는 기운다"라는 뜻으로 이해할 수 있다. 여기에 같이 쓰이는 단어로는 권불십년權不十年 즉 "아무리 막강한 권력을 가져도 10년을 못 간다"라는 뜻으로 쓰인 것인데 즉 한마디로 "영원한 것은 없다"의 뜻이고, 삶에 겸손하고 감사하는 마음으로 살기를 바라는 것으로 보면 되지 않을까 생각한다.

또 다른 하소연은 "우리 베이비 붐 세대는 일만 많이 했지 노후에 대해 준비해 놓은 게 없는데"라고 하는 말이다. 심심풀이로 먹는 게 뻥튀기라는 과자가 있다. 우리나라의 경제성장이 그렇다고 볼 수 있지 않을까 생각한다. 일부에서는 이것을 압축성장이라고 하기도 하지만 한강의 기적이니 초고속 성장이라느니 비약적인 발전이라고 하더라도 무엇을 기준으로 이렇게 얘기를 하냐면 시간이다. 그것도 짧은 시간에 그렇게 되었다는 것이다. 외국의 경우 100년 200년이 넘는 시간이 걸렸는데, 우리의 경우는 불과 40 내지 50여 만에 산업화를 이루었으니 그렇게 말하는 것도 무리가 아니다. 그러면 이렇게 산업화를 이루고 발전된 것이 자동적으로 그렇게 된 것이라고 볼 수 있는가?

누군가가 열심히 일을 해서 하나둘 축적해 놓은 누적된 결과가 현재이다. 그런데 지금 우리나라의 산업을 보면 자동차 산업 하나뿐인가? 아니면 전자산업 하나뿐인가? 아니다. 수백 수천의 산업이 골고루 발전하고 있고, 일부는 세계 최고 수준의 반열에 오르기도 했다.

노후준비가 안 되었다고 하는 많은 사람들이 그때 열심히 일을 했다. 그런데 일을 해서 받은 돈으로 저축을 해서 노후를 준비한 게 아니라 부모를 공양을 했고, 자식을 키우고 가르치고 결혼이라는 대사를 치러주고 심지어는 집까지 마련해주는 정성을 보였다. 기둥뿌리를 하나씩 뽑았다는 말이다. 그러니 무슨 준비가 되었겠는가? 사실은 이 말도 약간 늦었다. 이런 현상은 10여 년 전에 했어야 할 말이고, 지금은 이런 경향마저도 아닌 것 같다.

현재 장년층이라고 할 낀 세대라고 칭하는 사람들 즉 "부모 공양과 자식 책임"도 이제는 점차 희미해지는 경향이 있다. 살다 보니 부모도 부담이고 자식도 부담이다. 그렇지만 가슴은 울고 있다. 말을 하다 보니 약간 초점이 움직인 것 같다. 현재의 장년층은 낀 세대로 흔들리는 세 대고, 그보다 조금 이전 즉 현재의 노년 세대 즉 흔들림 없이 부모 공양과 자식 책임을 다했던 그 세대가 어렵다. 아주 간단히 말하려는데, 이들의 수고를 외면해서는 안 된다. 그것이 멋있는 사회이고, 그 사회에서 살아야 보람이라는 게 있다.

글의 전체적인 느낌은 신중년에 대한 것이었다. 여러 방향으로 왔다 갔다 해서 지금 여기가 어딘지 모르겠다. 그렇지만 그 신중년의 삶에 문제가 있어 보인다는 얘기를 하고 싶다는 것이다. 그 여러 가지 문제점들 중에서도 부부 문제에 대해서이다.

현재는 백세시대라고 하고, 그래서 나이에 0.85를 곱해서 예전 나이대를 생각해보라 하고 해서 실제 나이 70세 즉 백세시대 나이 약 60세를 생각한다.

나이 70이면 그 당시에는 20세 전후 정도가 결혼 적령기이고 20세 중반만 되어도 노처녀라는 소리를 들으며 부모의 걱정거리가 되었던 때다. 이렇게 생각해 보면 현재 70세라면 벌써 결혼 생활이 40~50여 년이 된다. 그때 어려운 시대였다. 서로 고생해서 힘껏 사셨을 텐데 지금도 둘만을 생각하며 재미도 있고 행복도 하고 열심히 사시는지 궁금하다. 백세시대 기준으로 남은 수명이 30년이고, 0.85를 곱한 나이로는 40세가 남았다고 볼 수 있다.

어떻게 부부로서 행복하게 여생을 살아가야 할까? 아직 그 나이까지 살아보지 못해서 뭐라 말할 수 없다. 한 10여 년 후에 일이니까. 다만 진행되는 사회의 꼴 들을 보면서 상상하듯 미래를 바라볼 수밖에는 도리가 없다. 그런데 잘 산다는 게, 부부로서 잘산다는 게 쉽지 않은가 보다. 황혼이혼黃昏離婚, december divorce이라는 단어가 있을 뿐만 아니라 계속 그 수가 지속적으로 증가한다는 것과 요사이는 이혼 과정에서 재산 등의 관계로 심심치 않게 많은 기사들이 그것도 추한 기사들이 자주 나타난다.

주로 성격 차이, 배우자의 외도 같은 것들이 주가 되고 그 외에도 설명조차 어려운 여러 이유가 있을 것인데, 왜 그럴까? 옛날 같은 고생을 안 해서 그런가 아니면 수명이 너무 길어져서 혼자 사는 것도 짜증 나고 함께 사는 것도 실증 나기 때문에 그럴까?

이유를 아무리 많이 찾으면 무엇을 하나, 다 의미 없는 것이 될 뿐인데 말입니다.

그래도 혹시나 한마디 하고 싶은 게 있다면 영원히 변하지 않는 주제인 사랑과 행복 그리고 재미 때문이 아닐까 한다. 사랑과 행복에 대해서 그리고 재미에 대해서도 해석의 문제일 것이다. 사랑도 그렇고 행복도 그렇고 너무 대단한 것으로 생각하지 않느냐 하는 것이다. 재미도 무한대를 기대하는 것이 아닌지 생각한다.

사람이 하루를 살다 보면, 사랑 5분, 행복 5분 그리고 재미는 한 10분, 그 정도 있으면 좋고, 없으면 할 수 없는 것이지, 두어 시간 사랑, 두어 시간 행복, 서너 시간 재미가 있는 삶은 의미도 없고 필요도 없다. 요즘은 핸드폰이라는 도구를 이용해서 오락娛樂을 한다. 오락은 재미있다. 오락이 끝나고 나면 즉, 재미있는 시간이 지나면 그 시간 때문에 재미난 것보다 훨씬 더 나머지 시간은 지루해진다. 이게 반복되는 삶이 되면서 항상 재미있기를 바란다. 그런데 어떻게 재미있을 수가 있을까?

핸드폰 이야기가 나왔으니 한마디를 더 하면, 좋은 소식이던 나쁜 소식이든, 소식을 알거나 알리기가 너무나 편하다. 빠르게 알거나 알려야 되는 소식은 세상 이보다 편리할 수가 없다. 그러나 빠를 필요가 없는 소식, 오히려 늦어야 더 기쁜 소식 즉 누군가를 사랑한다고 했을 때, 사랑한다는 편지를 보내려고 고민을 해보고, 편지가 배달되는 그 시간을 기다리고, 상대가 편지를 읽으면서 느낄 여러 감정을 생각해보고, 상대가 답장을 보낼까? 보낸다면 무엇을 쓸까? 최소한 사랑에 대한 말이 들어갈까? 그 모든 것을 상상하며 기다리고 등의 시간이 필요하다.

이 모든 과정과 시간이 바로 사랑하는 마음과 행복한 시간을 유지하는 것이 될 것이고 그 자체로 참 재미있는 일이 될 것이다. 그런데 혹시 집에 볼펜도 있고 편지지와 편지봉투 그런 것이 있나요?

핸드폰 이야기에 대해서 또 하나 하고 싶은 게 가끔 정보 이야기를 합니다. 정보는 지식과도 관련이 있기도 하고요. 살면서 모르는 게 있으면 답답하다고 합니다. 그런데 정보는 새로울 때 가치가 있는 것이고 그 나머지는 별게 아닙니다. 심지어 쓰레기라고 생각하면서 살면 됩니다.

여행을 가다가 맛집을 찾는데 핸드폰이 그렇게 좋을 수가 없다고 하지만, 여행의 묘미는 맛없을 것 같은 음식점에 들어가서 맛을 느끼는 데에 있지 일방적으로 남들이 맛있다고 알려 놓은 음식점에서 맛을 보는 것은 별 재미가 없습니다. 도시에 살면 그 정도의 음식을 하는 집은 어디에든 있습니다.

오랫동안 책과 그 안에 들어있는 종이 위의 글사와 촉감을 느끼면서 서서히 알게 된 지식의 가치를 즐겨야 하는데, 손가락 몇 번 톡톡해서 얻은 정보를 지식이 되는 것으로 안다면 인생 참 멋쩍은 일이라고 철없이 생각을 합니다.

지금 냉장고가 없다면 어떻게 생활할지 상상이 되나요? 안 될 겁니다. 그런데 냉장고가 있어서 편리한 점은 이루 말할 수가 없어요. 그리고 행복해요. 냉장고에는 언제나 먹고 마실 게 가득 차 있으니까요. 그런데 냉장고가 없으면, 있어질 것이 하나 있을 것 같아요. 그게 뭐냐면 정성精誠이라고 생각해요. 정성이란 단어는 온갖 힘을 다해서 하려는 아주 진실되고 성실한 마음이지요.

냉장고는 다른 여러 가지 식품을 저장하기도 하지만 그중에서도 가장 중요한 게 밥 한 끼를 위해서 필요한 재료들인데, 밥 한 끼에 들어가는 정성이 덜 해졌어요. 냉장고가 없던 시절 오직 밥 한 끼에 들이는 정성이 없어졌어요. 그럼 지금 이 편리한 문명 시대에 누가 이런 말도 안 되는 불편한 생각을 할까 합니다.

그러니까 여러분이 생각해보세요. 지금 시대에 아무도 이런 생각 안 하잖아요. 그러면 여러분이 찾으려고 하는 사랑 행복 재미가 갑자기 많이 생겨나요. 그리고 그 유지 시간도 자꾸만 늘어나요. 그러면서 여러분이 생각하고 있는 말들이 한마디로 말도 안 되는 궤변詭辯이라고 생각할 겁니다. 한마디로 말도 안 되는 얘기라고 하겠지요. (詭 : 속일 궤, 言 부, 13획)

이 세상에 나쁜 사람이 있나요 하고 물으면 있다고 해야지요. 정말 나쁜 사람도 많습니다. 부부로 살 수 없는 사람도 많습니다. 노력도 안 하고 의리도 없는 그런 사람 그리고 부정직한 사람도 많고 능력이 없는 사람도 너무 많습니다. 이런 사람들은 남녀노소 누구를 막론하고라도 같이 살 가치가, 부부로서 살 가치가 그렇게 많지 않습니다.

그런데 살려고 노력했고, 잘 몰라서 잘 못 하고, 최소한 의리는 지키려고 하고 그렇다면 상대도 역시 그렇게 해야 한다고 생각은 합니다. 그러다 보면 모두 개인의 사정을 들어보라고 할 것이 분명할 텐데, 그러지 마세요. 상대방도 어떻다는 것을 알지만 그것보다는 내가 어떻다는 것을 더 잘 알고 있지 않나요. 나는 그래서 여러모로 좋은 사람인가요?

이혼. 상대가 불쌍해서 결정을 하지 말라는 게 아니라 그렇게 결정을 했다고 하더라도 조금 더 사랑이든, 조금 더 행복이든, 조금 더 재미있게 든지에 더 가까이 가지 못하기 때문에 그렇습니다.

사람들에게 잘 못 된 욕심欲心/慾心이나 지나친 욕망欲望/慾望 또는 원초적 본능 같은 욕정欲情/慾情 이란 게 있겠습니까? 없겠습니까? 도두 있습니다. 그런데 그것을 채웠다고 해서 앞으로 살아가는데 사랑 행복 재미를 더 주면서 나머지의 삶을 사는데 많은 그리고 오래도록 도움이 될까요?

절대 그럴 리가 없습니다. 오히려 자제를 해서 참음으로써 모든 것이 더 오래가고 유지되고 할 것입니다. 물론 여기에서 어떤 것도 보장할 수 있는 것이 하나도 없다는 게 한계이기는 합니다. 여러분 그냥 살아가요. 똑똑한 사람도 한세상, 똑똑한 척하는 사람도 한세상, 똑똑하지 않은 사람도 한세상, 똑똑한 것과 상관이 없는 천하에 무식한 사람도 한 세상, 어차피 한 세상 씩 살려고 하기는 하는데, 오히려 사는 게 다 어리석은 일이잖아요.

빈 칸 5 : 추억 또는 한마디, 쓰고 싶은 것 쓰기.

1.

2.

3.

4.

# 시간 때우기

01-07-0007

/

2018.04.06(금)

오늘도 시간 때우기를 시작하는데 주제는 특별히 없다. 가만히 보니 글 순서가 "01-07-0007"이다. 행운의 "lucky 7"이다. "lucky 7" 하니까 갑작스레 생각나는 게 하나 있다. 클로버(clover) 즉 토끼풀에 대한 것이다. 여러분이 토끼풀 하면 생각나는 단어가 있는가? 토끼풀은 보통 행복幸福을 말한다고 한다. 행복이라고 말할 수 있으면 정말 좋은 말이고 기분 좋겠다. 그런데 문제가 하나 있다. 아니 문제라고 생각해야 할 것은 아닌 것 같지만 한마디 재미있는 그리고 생각해 볼 게 하나 있다.

토끼풀의 잎은 몇 장일까요? 상식적으로 알고 있는 게 3장이다. 그런데 모든 토끼풀이 3장이냐면 그렇지 않다. 4장짜리 토끼풀도 있다. 그러면 4장짜리 토끼풀도 행복이라고 할까? 아닐까?. 누군가는 4장짜리 토끼풀은 행복이라고 하지 않고 행운幸運이라고 한다.

넓은 들판에 토끼풀이 가득한데, 통상적으로 3장짜리가 널려있다. 그중에서 아주 찾기 어려운 4장짜리 토끼풀이 몇 장 있을 게다. 여기서 행복이 가득 차 있는 데서 굳이 행운을 찾을 필요가 있느냐는 거다. 그냥 행복하면 다 될 것 같은데 말이다. 행복은 평범한 행복이 따로 있고 특별한 행복 또한 따로 있는 것은 아니다. 행운도 행복을 가져다주는 것이지 그 이상은 아니다.

그리고 토끼풀은 3장짜리도 있고, 4장짜리도 있고, 그 외에 5장, 6장, 7장 등 그리고 20여 장짜리 토끼풀과 최대 50~60여 장까지도 찾아졌다고 한 것을 본 적이 있다. 오히려 3장이나 4장 말고 그 이상의 잎을 가진 비정상적으로 많이 잎 수를 가지는 토끼풀은 돌연변이突然變異 되었다고나 해야 할까, 그렇다면 상식적으로 정상적이지 않음에 대한 어떤 불편함이나 아픔이 될 수도 있다. 그렇게 되지 않기를 바라면서 행복한 삶이라는 테두리를 소중히 하는 게 좋을 듯하다.

시간을 때우기 위해 다른 어떤 말을 가지고 시작을 해야 하는데, 오늘은 자칭 행운의 7번째 글인데 그게 왜 그렇다고 하는지 오늘은 무슨 암호같이 생긴 제목의 번호를 설명하고 시작해보려고 한다.

우선 "시간 때우기 : 00-00-0000/20xx.0x.xx(x)"의 형태이다. 설명이 쉬운 것은 "/" 이후 즉 20xx.0x.xx(x)은 년-월-일(요일)임을 금방 알 수 있다. 연도 표기에서 2xxx가 아니고 20xx는 현재가 2018년이니까 2099년까지가 될 수 있고 그 차이가 81년이다. 지금까지 살아낸 날이 있어서 생명 연장의 기술이 비약적으로 발전해서 평균수명이 140 나이는 되어야 하는데, 아마도 몸을 구성하는 세포 하나하나가 정신을 바짝 차리고 안간힘을 써도 어렵지 않을까 생각된다. 그래서 20xx가 필요했다.

사람들은 시도 때도 없이 화학합성물이 맛이 있다는 명분하에 먹어대고 술과 커피를 즐기고 다행히 내 경우에는 담배는 한 20여 년 좋아했지만 그나마 간신히 중간 생략하듯이 정리했지만, 그 외에도 여러 가지 입에서 먹고 싶어서 그랬다고는 하지만 후회할 먹거리가 있을 것이다.

그 한 예로 통닭이 아닐까도 생각한다. 세계 어떤 나라가 그럴지는 모르겠는데, 우리나라에서는 흔히 치킨 즉 "통닭이 과자가 된 나라"같다. 그것도 어느 정도 늦은 시간에 어린이는 그 맛에 중독되어 반복적으로 먹고 싶은 욕망을 증가시켜 잠재적 위험성을 키우고, 어른은 비만 등 실재적 위험성과 그 위험을 핵폭탄 키우듯 술안주로 먹고 있다.

날 밝은 대낮에 가족 전체의 건강을 위해서 인삼과 대추와 토종닭을 사용한 닭백숙 같은 보양식을 먹는 가족이 많지 않은 것 같다. 그 조리법이 그렇게 어려운 게 아닌데도 그렇다. 젊은이만 그런 게 아니라 이제는 자신의 건강뿐 아니라 가족의 건강을 위해서 보다 많이 신경 써야 할 중년 나이의 사람들도 신경을 덜 쓴다. 이유는 하나, "살기 좋은 이 세상" 때문이다. 조금 귀찮은 것이 이 세상에는 자꾸 없어진다.

조금 귀찮은 것은 아니고 많이 귀찮은 것이지만 언젠가 하고 싶은 말 중의 하나가 냉장고에 대한 것이다. 이 얘기를 하게 되면 정신 나간 소리라고 하겠지만, 정신이 나갔으면 어떤데? 하면서, 이 이야기에는 사랑 행복 이런 소소한 것들이 있는 데라고 하면서 말해보고 싶다는 것이다. 지난번에도 이와 유사한 얘기를 잠깐하고 지나간 것 같은데, 언젠가 나중을 기대해보자.

가끔은 삶과 죽음에 대해서 얼핏 생각해보는 게 있는데, 과연 살아서의 하루가 죽음이 임박했을 때의 한 시간과 비교하면 어떤 의미로 다가올 것인가이다. 사람들이 그것에 대해서 하는 생각이야 잘 모르지만, 사람들은 분명 "후회할 짓을 하면서 살아왔을 것" 같고, "후회할 짓을 하면서 살고 있는 것" 같고, "후회할 짓을 하면서 살아가고 있을 것" 같다.

원래 설명하고 했던 내용으로 되돌아가면 "00-00-0000"이다. "앞-중간-뒤"라고 하자. 앞의 00은 책을 출판하려는 권수다. 만약 한 권이라도 출판을 한다면 "01" 즉 1권이다. 그러면 최대 99권까지가 되지만, 참 터무니없이 황당무계荒唐無稽하다. 원래 생각은 "시간 때우기"를 한 주에 한편 내지 두 편 정도는 써야겠다. 그리고 쓸 수 있겠다고 생각을 했다. 그러면 어림짐작으로 한 달이면 7~8편 정도가 되고, 한 6개월이면 책 한 권 분량은 쓰겠거니 생각을 하고, 그렇다면 1년이면 2권이고 10년이면 20권이고 20년이면 40권이고 이렇게 생각을 하다 보니, 계획대로 해도 절대로 안 된다는 것 절대로 불가능하다는 것을 알았다. 왜냐하면 지금이 7번째 글인데, 3월에 시작해서 벌써 4월인데 계획대로면 10번이 벌써 넘어가야 했었다. 그렇게 못 했다. 아마 앞으로는 점점 더 못하게 될 것이다.

그리고 이미 살아버린 세상이 그래도 어느 정도 된다는 것과 그리고 시작이 늦었다는 것 때문에도 그렇다. 그렇다고 뭔 잘못이 있는가, 이 세상 누구에게도 아무런 해가 없는데, 엉성한 욕심이거나, 허황된 욕심이거나, 이룰 수 없는 욕심을 한 번 내보는 것, 이 생각이다. 스스로 허황된 욕심이라고 했어도 그래도 죽기 전에 02 또는 03 또는 04 또는 05 또는 06 또는 07 이렇게 되었으면 좋겠다. 왜 08, 09, 10, 11은 어디 간 거야? 가지는 않았어. 다만 아직 쓰지 않았을 뿐이지. 그럼 왜 안 쓴 거야? 내 마음대로지. 그래도 물으면 이유는 있겠지. 기존에 시집을 6권 출판했고 올해에 7집을 내려고 마음을 먹었으니까 07까지는 살아있는 것이고 그 다음은 세상 어떻게 될지 모른다는 것이지. 하기야 7집 낸다고 이리저리 다니다가 이 몸이 세상에서 없어질지도 모르는 일이니까. 앞의 몇 줄은 사실 유머야. 이렇게 하면 약간 실소 그러니까 애매한 웃음이라도 웃지 않을까 하는 것이지.

틀렸어. 벌써 많이 틀렸어. 원래 한 주에 적어도 한두 편을 생각했는데, 하는 일이라곤 하나도 없는데 왜 바쁜 건지 모르겠다. 바쁘지 않으면 게으른 건데, 게으르다고는 하기 싫고. 엉성함과 허황이 아주 잘 들어맞는 말이네. 이 사람한테.

두 번째 00은 각 권에 들어가는 글의 편수다. 예상으로는 250쪽 분량을 한 권으로 하고 한편의 글은 5쪽 내외로 생각하면 40~50편의 글이 된다. 결국 두 번째 00은 40에서 50번 대의 번호가 반복될 것이다.

마지막 뒤 0000은 쓴 글의 누적 수이지. 권수에 상관없이 쓴 글의 총 수를 나타내는 것이지. 여기에도 희망 사항 하나 있는데, 앞 00 말할 때 즉 권수 얘기할 때 다 했지.

가령 "시간 때우기 : 07-07-357/20xx. xx. xx(토)"라고 된 글을 읽는다면 해석할 수 있겠지. 6권까지 출판했고, 7권의 7번째 글이로구나. 그리고 전체적으로는 357번째 글이구나. 그러면서 이 글은 2천 어느 해-모월-모일 토요일에 쓰셨구나 라고.

왜 쓰느냐고 묻는다면 시간 때우느라고, 왜 출판하느냐고 묻는다면 책 팔아서 돈 벌려고, 돈은 얼마나 벌려고 하느냐고 묻는다면 희망하기를 무지하게 많이 버는 것이지만, 사람은 그나마 자기 자신을 제일 잘 아니까 그러니까 천학비재賤學菲才하다는 것을 그나마 아니까, 겨우 바라는 바는 출판 제 비용에다가 마이너스 1백만 원 이하 정도라는 것인데, 소박한 꿈인지 멍청한 꿈인지 이해가 가나. 나도 잘 이해가 안 가기는 한다.

다만 이런 잡스러운 글을 쓰다 혹여 개똥철학 같은 아주 수준 낮은 철학哲學이라도 조금 있어 보이는 글이 된다면 기쁠 것 같다. 이것은 바라는 바가 아니라 "코끼리가 타자기 위를 어슬렁거리며 걸었는데, 조지훈의 승무 같은 시詩"가 쓰였다고 할 정도의 정말로 우연偶然히라도 좋은 글이 쓰였으면 하는 행운幸運을 바라는 심정이다. 그래서 아주아주 드물게라도 밑줄 치고 읽고 싶은 문장 하나라도 나오기를 바라는 마음이다.

"코끼리가 타자기 위를 걸어서…"라는 구절, 어딘가에서 본 것 같은데, 생각은 나지 않는다. 혹시 현대 물리학, 그중에서도 엄청 어려운 양자역학量子力學, quantum mechanics에서 하이젠베르크(Werner Karl Heisenberg; 1901~1976)의 불확정성 원리不確定性原理, uncertainty principle를 설명하면서 했던 말 같기는 한데, 한마디로 잘 모르겠다.

사람들이 살면서 대상이 무엇이든 간에 "가지고 있다 - 아무것도 없다" 즉 "有-無"에 대해서 생각하고, 有에서 無가 되는 고통苦

痛을 또 한편으로는 無에서 有가 되는 환희歡喜를 느끼며 살아간다. 이 둘은 서로 반대되는 말이기 때문에 어느 하나를 가지고 말하면 상대는 그것에 반하는 것이므로 대략 대부분 설명된다고 생각한다. 그런데 "있음"인 有를 가지고 무슨 말을 하는 것보다는 "없음"인 無가 약간 멋있어 보이고 철학적이지 않을까 생각한다. 다른 사람의 동의를 구할 필요 없이 내가 그렇다는 것일 뿐이고, 꼭 그럴 것 같아서다.

그러면 사람들이 살아가면서 "없다"의 대상은 무엇이 있을까? 아주 쉽게 말해서 현대적인 면에서도 그렇고 경제활동을 하는 면에서도 그렇고 그 모든 것의 상징적인 의미에서도 돈이 없다가 가장 쉽게 쓸 수 있는 말이다.

돈은 태어나야지요, 늙어가야지요, 병원 다녀야지요, 죽어야지요生老病死, 입어야지요, 먹어야지요, 잠자야지요衣食住, 배워야지요, 가르쳐야 되지요敎育, 술 마셔야지요, 영화 봐야지요, 노래 불러야지요, 춤춰야지요遊興, 산에 가봐야지요, 강에 가야지요, 바다에 가야지요, 비행기 타봐야지요, 배 타봐야지요旅行. 그리고 또 뭐가? 대충 이런 것, 사람이 살면서 해봐야 할 것을 전부가 아닌 일부를 나열하는 것도 숨이 찰 지경입니다. 이런 활동 하나하나가 바로 통장정리 할 때 각각 한 줄을 차지하는 소비, 돈의 사용 내역입니다.

나는 아파트에 살면서 아파트 벽면에 오유지족吾唯知足 즉 "나는 오직 만족함을 안다."나 붙여 놓고 사는 사람이기 때문에 별 볼일이 있는 것은 아니지만 나만이 아니라 많은 사람들이 사는 게 비슷하지 않을까 생각해보면서 아래의 "오유지족" 글씨를 한 번 보고 또한 본인이 쓴 "통장정리"라는 아래의 시 한 편을 읽어 보는 것도 재미있을 것 같다.

그림 : 오유지족吾唯知足 : 나는 오식 만족힘을 안다(자작 글씨).

시 : 통장정리

모 은행 자동화기기실에 들어가면
세련된 모양새의 자동입출금기가 있다.
한 달에 한 번 많으면 두 번 이용하는데
앞에만 서면 통장을 펼치라고 하기도
밀어 넣으라고 하기도 한다.

기분 나쁘게 소화시키는 소리도 익숙하다
찍, 찌익, 찍, 찌익, 찍, 찌익, … 찌익
한 서른 내지 마흔 번 정도 씹는가 보다
왼쪽 대변에는 한번 흔적이 있고
오른쪽 차변에 나머지 먹고산 모든 흔적들
다 알고는 있어도 잘 알지 못하는 자동이체
밥 먹고 술 먹고 별게 다 있는데
많지도 않은 4인 가족이
함께 맛있게 밥 먹은 기록도 없고
누구누구를 위해 명품보다는 한끝 아래라도
그래도 좋은 브래지어 팬티 산 흔적도 없고
어이 된 일일꼬. 하기야 당연하지.
애 어른 할 것 없이 또 이유도 없이
무조건 막 돌아가는 세상이고
그 세상에서 살아내야 하니까.
그래도 가족은 그렇게 함부로 하는 게 아닌네
다음 달에는 통닭 2마리 사 먹어야겠어.
찌익, 한 줄 흔적을 남기기 위해서라도
그런데 아들 녀석 족발 보쌈 얘기도 했었는데
이번에 다 먹고 싶다 우기면 어떻게 하지
통장정리
이것도 한 개인의 역사였어?

이게 슬픈 역사야 기쁜 역사야

아하. 마지막 줄 잔고를 보면 대충…

어허. …. 음. 기쁜 것은 아닌 것 같군. (끝)

이 시는 2018년 중에 제7시 집으로 준비하고 있는 것으로, 아직 미공개된 것으로 여기에서 첫선을 보인다. 시를 읽어봐서 알겠지만 흔히 대부분의 월급쟁이들은 금방 동의하리라 생각되는 내용이다.

매달 일정한 어느 날 월급이라고 입금이 되면, 출금은 식구들의 용돈을 입금하는 것으로부터 시작해서 각종의 공공요금, 두어 장의 카드 명세서대로 별별 사용료들, 밥값 커피값 반찬값 영화관람 값 교통비 등 헤아릴 수 없이 많은 청구 항목들이 있다.

간혹 이걸 언제 샀지, 이런 걸 샀나, 어 이런 것도 샀네 등 약간은 후회스러운 소비에 대한 가슴 쓰린 독백이 있게 마련이다. 가만히 생각해보면 전부 생각나는 후회스러운 소비의 결과, 그렇다고 다음 달에는 이런 후회가 없으려나 하지만 사실은 그것이 생활의 일부라는 것을 알면서 돈을 벌고 저축을 해서 비상시를 대비한다던가 노후를 대비하겠다던가 하는 것이 얼마나 어려운 일인지 깨달을 수 있다. 여기서 또 다른 어려움 즉 깨달았다고 해서 그 깨달음 대로 생활이 되느냐 하는 것이다.

쉽게 말해서 사람들이 무엇인가를 몰라서 못 하는 경우가 대부분이다. 그렇지만 사실은 알고 있어도 못하는 경우도 그 반은 된다. 이 세상에 태어나서 한참을 살아 보니 안다고 해서 모두 행할 수 있는 것은 아니더라.

돈이 없다는 것은 그렇다 치고 또 뭐가 없는가? 없다는 것의 대상은 유형有形의 것, 무형無形의 것 등 말할 수 없이 많은 것들이 있습니다.

유형의 것은 집, 차, 옷 같은 것들인데 진짜 없다기보다는 가지고 있기는 한데, 마음에 차지 않는다고 하겠지요. 그런데 이것은 절대적 기준絶對的 基準 = 주관적 기준主觀的 基準이 작용하는 게 아니라 상대적 기준相對的 基準 = 객관적 기준客觀的 基準이 작용하는 게 사람을 어렵게 합니다. 이 기준은 유형, 무형의 구분도 없이 모두 적용되는 심리적인 마음 상태에 대한 문제점을 가지고 있을 겁니다.

행복이라는 느낌에 대한 마음의 상태도, "행복해서 웃는 게 아니라, 웃어서 행복하다"라고 하는 말들을 들어 보게 됩니다. 지나가는 사람이 나를 보고, "아 저 사람 지금 행복해 보이는구나, 조금 있으면 웃겠지"라고 생각할 수 있나요. 아마도 아니겠지요. 같은 상황인데 순서가 바뀐 경우 "이 지 사림 웃고 있네, 아마 행복한 일이 있나 보네"라고 생각할 것이 분명하지 않을까요.

여기서 웃는 사람은 누구일까요. 여하튼 웃는 사람은 나입니다. 나의 어떤 일이나 상황에 대해서 나 스스로 웃음이 나오면 웃는 것입니다. 물론 그 웃음은 좋은 일이었고 행복하기에 충분하다고 여기면서 예를 들어야 하는 것이지만요. 그런 나의 웃기 전 상태를 보고 지나가는 사람이 "저 사람은 아마 웃을 것이다"를 미리 판단해 주거나, 웃고 있을 때 "저 사람은 평소 생활을 하면서도 무척 행복한 사람일 거야"라고 할 수 있다고 볼 수 있겠지요.

이 세상에 예상되는 행복이 있긴 하지만 그걸 남이 어떻게 알 수가 있겠습니까. 그리고 한도 끝도 없이 항상 행복한 사람이 어디 있겠습니까. 우리가 생로병사生老病死라는 단어를 알고 있는데, 이 단어의 결과는 바로 희로애락喜怒哀樂입니다. 생生은 희喜와 락樂입니다. 노老와 병病은 노怒와 애哀입니다. 사死는 애哀입니다. 일대일로 딱 맞아떨어지는 것 같지는 않지만 누군가가 태어난 것은 기쁨과 즐거운 일입니다. 그리고 늙어 간다는 것과 병든다는 것은 화가 나는 일이면서 또 슬픈 일이기도 합니다. 마지막은 죽는 일이 남아 있는데, 그것은 아무런 이유 없이 슬픈 일 일 뿐인 것입니다.

죽음이 없다면 삶이 그렇게 소중하다고 할 수 없습니다. 삶이 명명백백明明白白하게 유한有限하기 때문에, 가능하면 항상 죽음을 머릿속에서 생각하면서 즉 염두念頭 해 두고 살게 되면, 삶의 의미意味와 가치價値가 한층 고귀高貴해 질 겁니다. 바로 이런 생각이 나 스스로에게도 해야 하지만 남에게도 같은 정도의 관심을 가져주게 되면 겸손謙遜해 질 수도 있고 또 인간으로서의 존중도 할 수 있어지게 됩니다. 그러니까 모두가 귀한 사람들이 되는 겁니다.

그런데 "행복의 유지 시간은 하루에 몇 분"만 가지면 됩니다. 하루에 서너 시간 행복에 빠져 과 각성 상태過覺醒 狀態로 지나치게 흥분된 상태로 살아봤자, 그것도 힘든 일 일 겁니다. 그 대신 작은 행복을 자주 가져야 하겠지요. 잔잔한 행복감을 가능하면 자주 느낄 수 있게 살아야겠지요. 그런데 그런 잔잔한 행복이 어디에 있을까 묻고 싶을 겁니다. 어디에 있는지 알려 줄 수 있는 방법은 아주 없는 것은 아니지만, 알려줘도 잘 모르고 또한 옆으로 매번 지나가도 잘 모르는 경우가 아주 많습니다. 왜냐 뭔가 큰 게 나에게 올 거야를 생각하기 때문이라고 할까요.

올해 겨울 참으로 추웠습니다. 오랜만에 기록될 정도의 한파가 몰아치고, 살다 살다 생전 처음으로 수도관이 동파되고 수돗물이 콸콸 쏟아지고 한마디로 큰 고생도 해봤을 것이고요. 그런데 엉겁결에 우리 앞에 봄이 왔습니다. 봄이 왔다는 생각만 하더라도 마음이 부드럽고 행복감이 느껴지지 않는가요. 가끔 그러니까 한 시간에 1분씩 생각만 해도 충분할 것 같습니다. 이게 전부가 아니라는 것 아시지요.

그냥 아무 데고 간에 집 밖을 나섰어요. 푸른 새싹이 오르고, 철 이른 노란색 꽃과 분홍색 꽃이 눈에 보입니다. 파나 미나리 부추 같은 것이 아니니 이름도 모르는 게 거의 당연하지만, 이것도 각 30초씩만 행복해하면 됩니다.

매년 반복되잖아요. 이 현상이. 그러면 즐거움이나 행복이 사라지나요. 사라지지는 않겠지만 덜 하겠지요. 이럴 때 그 긴 어려움을 이기고 올라온 이름도 모른다고 한 잡초들의 이름을 알려고 해 보세요. 그 신기로움은 아마 10년은 갈 겁니다. 너무 세세하게 묘사를 해서 약간 감탄스럽다고 할 사람들이 있을지 모르겠는데, 그러지 마요. 그 풀들은 훨씬 더 섬세하게 살아남는 것들이에요.

길가 들풀이 무슨 힘을 가지고 있겠어요.

우리가 그것을 어떻게 알아요? 라고 할 것 같아서 한마디 하면 시도 소설도 수필도 많이 발행되고 있고 각 분야의 전문서적도 많습니다. 대학 교재가 어려운 것은 사실이지만 그림만 봐도 이해할 수 있는 것들도 많습니다. 더군다나 풀과 꽃과 나비와 개구리나 뱀에 관련된 책도 많습니다. 답이 되시나요. 그런데 요즘 책값이 무조건 싼 것만도 아니더라고요.

여기서 또 입장 차이가 드러납니다. 책 쓴 사람은 많은 사람들이 많이 읽었으면 좋겠지만 그렇다고 순수하게 그렇게만 생각하는 게 아니라 돈도 벌었으면 하고 있습니다. 그러나 돈까지 버는 책은 몇 권이 채 안 됩니다. 출판사가 다 벌어먹는 것도 아닙니다. 기본적으로 이익이 날 만큼 책이 안 팔리니까요. 여러분이 생각하기에 내가 산 책값만 하더라도 돈 벌 수 있었을 텐데?라고 생각할 사람이 있나요.

이때쯤에 좋은 말로는 반성이고 그냥 개인 심정으로는 여러분께 충격을 주기 위해서 표하나를 인용할 것입니다. 문화체육관광부와 (재)한국출판연구소에서 국민들의 독서율에 대해서 연구한 "2017년 국민 독서실태 조사(문화체육관광부, 2017. 12)" 보고서가 있습니다. 무려 337쪽 분량의 보고서인데, 그중에서 p.20의 〈지역별 주요 독서지표 현황〉 하나만 봅니다.

<지역별 주요 독서지표 현황>

| 지역 | 연간 독서율 (%) | 연간 독서량 (권) | 평일 독서시간 (분) | 공공도서관 이용률(%) | 독서 프로그램 참여율(%) | 평균 이상 항목수(개) | | 지역 |
|---|---|---|---|---|---|---|---|---|
| | | | | | | 3대 지표 | 5대 지표 | |
| 전체 평균 | 59.9 | 8.3 | 23.4 | 22.2 | 5.3 | | | |
| 서울 | 72.6 | 11.8 | 30.9 | 26.8 | 7.0 | 3 | 5 | 서울 |
| 부산 | 54.1 | 5.9 | 16.6 | 19.6 | 3.8 | - | - | 부산 |
| 대구 | 58.6 | 6.2 | 15.1 | 23.9 | 1.5 | - | 1 | 대구 |
| 인천 | 68.3 | 8.6 | 34.4 | 24.4 | 3.9 | 3 | 4 | 인천 |
| 광주 | 45.3 | 7.1 | 12.8 | 13.5 | 1.1 | - | - | 광주 |
| 대전 | 45.7 | 5.7 | 15.4 | 13.3 | 3.1 | - | - | 대전 |
| 울산 | 52.6 | 6.6 | 22.3 | 28.7 | 14.3 | - | 2 | 울산 |
| 세종 | 57.0 | 10.4 | 14.5 | 23.8 | 0.9 | 1 | 2 | 세종 |
| 경기 | 63.6 | 7.8 | 23.7 | 28.1 | 8.3 | 2 | 4 | 경기 |
| 강원 | 64.7 | 7.9 | 34.8 | 28.5 | 3.7 | 2 | 3 | 강원 |
| 충북 | 47.7 | 9.1 | 15.6 | 10.2 | 0.0 | 1 | 1 | 충북 |
| 충남 | 56.3 | 7.2 | 18.8 | 12.7 | 3.4 | - | - | 충남 |
| 전북 | 43.9 | 6.3 | 17.2 | 9.8 | 0.5 | - | - | 전북 |
| 전남 | 43.6 | 6.1 | 14.6 | 8.9 | 0.8 | - | - | 전남 |
| 경북 | 53.5 | 6.6 | 18.1 | 24.8 | 5.7 | - | 2 | 경북 |
| 경남 | 51.4 | 8.3 | 24.7 | 9.7 | 4.1 | 2 | 2 | 경남 |
| 제주 | 59.8 | 13.9 | 39.0 | 29.4 | 2.4 | 2 | 3 | 제주 |

그림 : 문화체육 관광부, 2017년 국민 독서실태 조사, 2017.12, p.20

이 표의 설명에 대해서 보고서를 보라고 하는 것도 무리이고 또한 설명을 한다는 것도 분명 무리입니다. 좀 전에 말했다시피 337쪽 짜리 보고서인 데다가 그 내용 면에서 그렇게 재미있는 내용도 아니려니와 책을 많이 보는 국민이라는 자랑이나 칭찬도 거의 없습니다. 그러니 설명 모두 생략하고 뚫어지게 보기만 하면 될 것입니다.

내가 사는 동네 사람들이 어느 정도이구나, 잘 사는 사람들이 많으면 책도 많이 읽는가 보구나, 우리나라에 독서프로그램이란 게 있기는 있었구나 라든가 등등 스스로 해석하고 싶은 것만 생각해 보면서 넘어가면 된다. 그러면서 양심적으로 약간 가슴이

쫄리네 하고 넘어가면 됩니다.

다만 동네 사람들이 함께 이 글과 표를 보면서 얘기하기에는 좀 곤란할 것 같네요. 서로 겸연쩍어지지 않을까요. 서로 약간 무식하게 사는 것 같은 비밀이 탄로 나니까요. 그런데 한 발짝만 나가도 상관없습니다. 서로는 서로에게 아무 관심이 없거든요.

사람들이 책은 많이 읽어야 된다고 하는 생각들을 많이 가지고 있습니다. 그래서 그렇게 하지 않았던 것에 대해서 어쩌면 반성도 하고 후회도 할 것으로 생각은 되지만 그렇다고 현재의 상태가 바뀔까요. 옆집 사람이 바뀔 거라고 굳게 믿는 게 아마 반성과 후회의 전부가 되지 않을까 싶습니다. 책을 읽고 생각하고 하는 것, 그냥 아주 쉬운 일만은 아닙니다. 분명 책 속에 지식도 있고, 지혜도 있고, 재미도 있고 심지어 남녀가 사랑 잘 할 수 있는 법 등 별 별것이 다 들어 있는데도 한 마디로 어려운 일입니다.

유형과 무형을 말하면서, 유형에 대해서 몇 마디를 쓰다가는 갑자기 들풀 이야기를 하면서 사랑이 어쩌고저쩌고하다가는 급기야 독서에 대한 이야기까지 와 버렸습니다. 처음 의도는 행운의 7번째 글이니까 엄청난 것을 써야겠구나 하고 시작은 했는데, 두서도 없고 겨우 사족을 다는 것 같은 이상한 말과 글들의 행진이 되고 있습니다. 그래서 머리에서 처음 의도했던 것이 맴돌기는 하지만 결과적으로 뭔가 굉장한 것을 쓰는 것도 아닌데 오늘은 여기가 끝입니다.

다만 이렇게 된 이유는 사족으로 달아 놓고 싶은 생각이 듭니다. 원래 이 글은 7번째가 아니고 4번째쯤에 해당하는 글이었고 나름 아주 잘 써지는 중이었습니다. 그런데 거의 마무리하려는 즈음에 자동 저장이 설정되어 있었고, 그것도 모르는 상태에서 수정하고 지우고 재배치하려고 하면서 하던 중에 빈 화면이 자동 저장이 되었고, 그 상태에서 또 한 번의 조작 실수 즉 나가기를 했더니, 그 내용이 다 날아가 버리고 뭔가 이상해서 다시 들어왔더니 결국 남아있는 것은 내용이 모조리 사라진 상태인 하얀 화면만 남아 있었습니다.

아~아. 님은 갔습니다. 완전히 갔습니다. Oh~Ho~No, OMG. 영어로 이렇게 말하는 것을 본 적이 있습니다. 우리는 나라가 망할 정도의 슬픔을 오호통재라고 하는데, 나라 망한 것은 아니지만 어쨌든 제 심정이라는 게 오호통제嗚呼痛哉라 아니면 눈곱만큼 약하게 표현해서 오호애재嗚呼哀哉라 라고 하고 싶은 마음입니다.

같은 내용의 글을 다시 쓰려고 열심히 생각을 따라가 봤는데 그게 잘 안 됩니다. 머릿속에 화가 치밀어 오른다고 하나요. 누가 누구에게 그랬겠어요. 스스로 그랬겠지요. 참 어리석은 사람입니다. 그런데 입장 바꿔 생각해 보세요. 너 같으면 그렇지 않겠냐고요. 그래도 글자를 툴툴 던져가면서 바로 자리 잡기를 바랐으나 그렇지는 못 하고, 결국 처음의 생각들 들이 자꾸만 방향이 달라져 갑니다. 그래서 바뀌고바뀌고 해서 이렇게 끝을 맺을 수밖에 없게 됐습니다. 낚시도 안 좋아하는데 그들이 한다는 말이 "놓친 고기가 크다"라고 한다면서요. 그 심정 같습니다.

빈 칸 6 : 추억 또는 한마디, 쓰고 싶은 것 쓰기.

1.

2.

3.

4.

# 시간 때우기

01-08-0008

/

2018.04.10(화)

봄이 무르익었다고 하나요. 완연한 봄입니다. 봄이면 마음이 설레고 다른 때 보다 여행의 욕구가 커집니다. 자동차를 운전하며 한적한 지방 국도를 가면서 여러 푸른 풀들과 어린싹에서 잎으로 자란 나뭇 잎들과 이미 꽃이 피었다가 떨어졌으나 그래도 몇 개 남은 분홍색의 벚꽃, 벚꽃보다는 좀 더 진한 진달래꽃 그리고 순백의 백목련과 자줏빛의 자목련 또 뭐가 있을까나. 아하 봄 하면 대표적인 게 개나리, 참 맑게 노란색의 개나리꽃도 깨끗합니다. 그리고 신선합니다.

이렇게 오늘 시간 때우기의 서두를 열고 사람들의 이동 수단인 차車와 그 차의 주인과의 품격이나 가치에 대해서 이야기 해 보려고 합니다. 승용차乘用車, car는 가치價値, value라고 하기보다는 가격價格, price이라고 말하는 게 맞을 것 같고, 사람은 가격이라고 말할 수는 없고 가치라고 말할 수 있지 않을까 합니다.

물론 사람에 대해서는 가치라는 말 대신에 인격人格, 인성人性, 인품人品, 성품性品, 품격品格, 품성品性 등 단어마다 다소간에 약간의 의미의 차이는 있겠지만, 같이 써도 무방하지 않을까 생각합니다. 그리고 이런 차이는 영어 단어로 보더라도 character, personality, dignity, nature 등 다양하게 표현하고 있는데, 사람에 대해 가치 대신 써도 틀린 말은 아니고 오히려 더 적절할 것 같다고 생각합니다.

그렇지만 차車와 사람을 비교를 하기 위해서 그리고 전체적으로 글을 써 나가며 전체적으로 통일된 의미를 이루고 보다 쉽게 이해할 수 있게 하기 위해서 경제적 개념이 들어간 내용으로 말해 보고자 하기 때문에 가치라는 말을 씁니다.

가치는 경제적인 문제를 다룰 때나 공학적으로 다룰 때는 가치 공학價値工學, value engineering; V이라고 해서 기능機能, function; F과 비용費用, cost; C의 관계로 설명합니다. 이들 단어에서 기능이라는 말을 많이 쓰고는 있지만, 그 뜻이 무엇인지 모르는 사람들이 의외로 많습니다. 기능이란 어떤 대상이 즉 돈을 주고 산 물건이 "하는 일" 또는 "할 수 있는 일"을 말합니다.

우리가 연필을 산다고 했을 때, 왜 사느냐고 물을 수 있기는 하지만, 답은 글씨를 쓰려고 산다고 할 게 분명합니다. 그러면 그림을 그리려고 산다고 하면 틀린 말 인가하고 묻는 사람이 있을 수 있는데, 틀린 말입니다. 또 한편으로 맞는 말이기도 합니다. 글씨 쓰는 연필로도 그림은 그려지기 때문이지요. 다만 이때 연필을 산다고 하기보다는 미술 연필을 산다고 했으면 보다 더 정확히 정의가 되고 틀릴 리가 없게 되기 때문입니다. 왜 그러냐면 미술 연필이란 단어가 따로 있기 때문에 그렇습니다.

그러면 가치를 높이는 방법은 무엇이 있을까 한 번 생각해 보겠습니다. 아래 화살표의 방향을 보시면, 위로 올라가는 화살표는 가치, 기능, 비용이 커진다는 뜻이고 반대로 아래로 내려가는 화살표는 가치, 기능, 비용이 내려간다는 뜻이며, 수평 화살표는 가치, 기능, 비용이 변하지 않고 같다는 뜻으로 해석하는 것입니다.

그러나 전체적으로 화살표를 설명했지만, 가치와 기능이 떨어지는, 즉 가치와 기능이 내려가는 화살표는 일반적으로 생각하지 않습니다. 아래 여러 모습은 모두 가치가 올라가는 상황을 나타내는 식인데, 다른 부가 설명이 없어도 모두 이해가 되시리라 생각합니다.

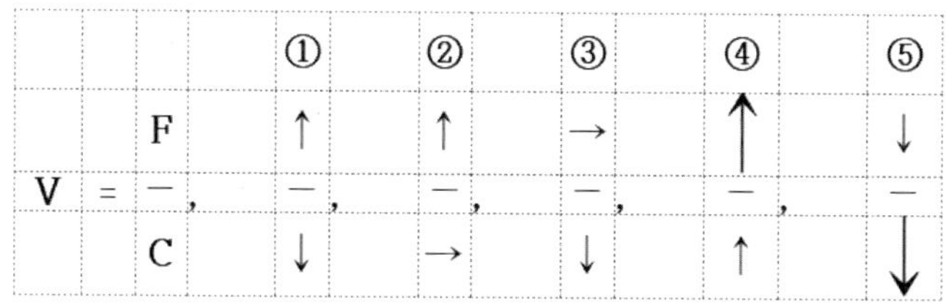

| | | | ① | ② | ③ | ④ | ⑤ |
|---|---|---|---|---|---|---|---|
| | | F | ↑ | ↑ | → | ↑ | ↓ |
| V | = | —, | —, | —, | —, | —, | — |
| | | C | ↓ | → | ↓ | ↑ | ↓ |

그림 : 가치를 높이는 여러 가지 식

지금 이런 그림 가지고 장난이나 하는 것으로 생각하면 안 됩니다. 여러분도 일상생활에서 가치를 높이는 방법이 위에 다섯 가지를 제시했고, 그리고 단지 이것은 경제적인 면에서의 가치를 고려한 것이고, 경제적 가치 외에 매력 가치, 사회적 가치, 역사적 가치 등 생각하면 할수록 어떤 것의 가치를 잘 이해하고 생각하게 될 것입니다.

여러분이 보시기에 가장 바람직한 가치의 증가는 몇 번일까요. 당연히 ①번입니다. 기능은 높이고 비용은 줄이는 것이니까요. 이렇게 할 수 있는 방법은 유일하게 창의적인 생각으로 새로운 혁신적인 기능을 할 수 있는 것을 만들어 내는 것입니다. 한마디로 잘라서 말하자면 창의성創意性, creativity입니다. 창의성은 아주 조금 교육의 도움으로 개선 또는 증가할 수 있다고 합니다. 물론 이렇게 말하는 근거는 잘 모르겠지만 사실일 겁니다. 그렇다면 교육도 아니라면 뭐일까요. 나름 정확하지 못한 말일 수도 있지만, 생각과 호기심이 아닐까 생각합니다.

그리고 ④의 경우 비용도 증가하지만, 비용 증가분보다 기능 증가가 훨씬 커서 가치가 증가하는 경우이고 ⑤의 경우는 기능도 줄어들었으나 비용 감소 비율이 더 크기 때문에 가치의 증가가 일어났다고 할 수 있습니다. 그러나 ④와 ⑤의 경우는 바람직한 가치 공학적 접근은 아닙니다. 적어도 ②와 ③의 경우가 되어야 가치 공학적으로 받아들일 수 있습니다.

그렇지만 ②의 경우 기능을 높이고 비용은 일정하게 유지해서 가치를 높이는 것, 이렇게 될 수 있으려면 재료가 바뀌든 방법이 바뀌든 해야 하고 이 또한 창의적인 또는 혁신적인 무엇인가가 있어야 합니다. 마찬가지로 ③의 경우도 기능을 유지하면서 비용을 내리는 것은 역시 물건을 만드는 소재의 발견 등 혁신적 노력을 통해 가능할 것입니다.

대부분 이런 종류에 속하는 것 중의 하나가 전자 관련 제품입니다. 초기 개발 후 판매 가격은 매우 비싸지만, 그 이후 새로운 기술을 적용하면서 타 기업과의 경쟁이 치열해지고 결과적으로 가격이 대폭 하락하는 것을 경험하실 수 있습니다. 가격이 하락했다고 해서 제품을 만드는 기업이 손해를 보는 것은 아닙니다. 어느 정도 규모의 경제에 대한 혜택과 소비 확대 등으로 일정 정도의 이익을 유지하게 됩니다.

이 간단한 과정에서 보듯 그 기업이 존속하려고 한다면 언제 또 다른 혁신을 준비해야 할까요. 기업 경영자를 해 보지 못해서 정확히 말할 수는 없지만, 상식적으로 생각할 때, 이익이 발생하기 시작하는 순간이라고 판단됩니다. 왜냐하면 이익은 잉여금입니다. 이때 다음을 준비하는 것이 기업의 입장에서 그나마 가장 위험이 적을 때라고 생각합니다.

이 모든 과정을 반복하면서 성장하는 것이 기업이라고 봤을 때, 이 기업에서 제일 필요한 자원은 무엇이라고 할 수 있을까요. 추상적으로 언급한 것은 혁신적 또는 창의적이라는 말을 쓴 것 같은데, 그 주체는 사람입니다. 그러니까 기업이 발전하기 위해서는 가장 신경 써야 할 것이 사람이고, 사람에 투자를 해야 합니다. 사람들이 쉽게 말하는 그 사람이 결국 모든 것의 시작과 끝이 됩니다.

아무래도 그냥 넘어가기가 찜찜하니 가치에 대해서 좀 더 알아보도록 합니다. 한국과학기술원 산업공학과의 황학 교수가 쓴 작업 관리론 138~139쪽을 보면 가치에 대해서 설명하고 있습니다.

(인용) : 가치(value)라는 단어는 쓰는 사람에 따라 그 의미가 다양하기 때문에 정의하기가 어렵다. 아리스토텔레스(Aristotle)가 기원전 350년경에 제안한 7가지 가치는 오늘날에도 인정되고 있는 분류 방식이다.

① 경제적(economic) 가치

② 도덕적(moral) 가치

③ 미적(aesthetic) 가치

④ 사회적(social) 가치

⑤ 정치적(political) 가치

⑥ 종교적(religious) 가치

⑦ 사법적(judicial) 가치

이 7가지 가치 중에서 가치공학에서 주안점을 두는 것은 경제적 가치로서 이 개념은 다시 다음의 4가지로 분류된다.

① 사용가치(use value)

② 귀중 가치(esteem value) : 개인 가치(personal value)
혹은 권위 가치(prestige value)

③ 비용 가치(cost value) : 〃

④ 교환가치(exchange value): 〃

(중략)

사용가치만이 객관적으로 그 가치의 정도를 측정할 수 있으며, 나머지 세 가지는 주관적인 면을 많이 내포하고 있기 때문에 한데 뭉쳐 개인 가치 혹은 권위 가치라고 부른다.(끝)

황학, (개정증보판) 작업관리론, 영지문화사, 1999. 2., 개정증보 4쇄, p.138~139.

황학 교수의 소개로 가치에 대해서 알아보기는 했는데, 이와 관련하여 아리스토텔레스와 관련된 참고문헌을 찾아보았으나, 여러 번의 시도에도 불구하고 아리스토텔레스가 말한 가치를 언급한 문헌 그 자체는 못 찾아서 약간 아쉽게 생각합니다.

다시 차와 차에 탄 사람에 대해서 이야기하려고 합니다. 차의 가격은 제일 비싼 게 얼마인지 모르겠지만 10억 정도라고 합시다. 10억 되는 차도 드물겠지만 우선 그렇다고 생각하고, 사람의 가치는 물론 정상적인 품격의 사람이라고 가정했을 때, 아무리 싸다고 해도 제일 비싼 차보다 더 비쌀 것입니다. 그렇다고 무한대라고 할 수도 없으니, 우선 모범적인 삶을, 용기 있는 삶을 그리고 따뜻한 삶을 살다가 아주 먼저 이 세상을 떠나가신 광개토대왕 님, 고운 최치원 선생님, 세종대왕님, 이순신 장군님, 퇴계 이황 선생님, 율곡 이이 선생님 그리고 얼마 전 살짝 먼저 떠나신 성철 스님, 법정 스님, 김수환 추기경님, 김구 선생님, 안중근 의사님, 만해 한용운 님, 시인 윤동주 님 등 모두 살아간 위치, 살아간 방법, 살아간 시대 등 모두 다르니 동급이라 할 수는 없지만 이분들 모두가 존경받을 수 있는 분들이니, 각자 우상으로 또는 존경의 대상으로 선택해서 그 한 분을 100억이라고 해 둡시다.

우선 진행하기 전에 우리나라의 위대한 조상을 갑자기 생각해 내려니 훌륭한 분들의 이름을 너무 적게 부른 것 같습니다. 이분들의 이름만 불러도 100쪽은 되어야 할 것인데 그러지 못해서 죄송한 마음의 뜻을 표합니다.

우리의 표상이신 훌륭한 분을 100억이라 했으니, 그보다 못한 사람, 평범한 사람들인 여러분들은 자기 자신에 대해서 각자 알아서 평가들 하시되 가능하면 후하게 평가하기를 바랍니다. 그렇다고 제삼자인 타인도 그렇게 평가해 준다면 어느 정도 맞는 말이 되겠지만 타인이 영 그런 것 같지 않은데 하면, 그것도 알아서 판단해야 되겠지요.

그러면 사람의 가치가 0원이거나 그 이하인 사람도 있으려나요? 하고 물으신다면, 당연히 있지요. 그런 사람이 있는 것 만이 아니라, 생각보다도 많습니다. 사람들이 저 개만도 못한 이라고 하는 사람은 분명 가치가 0 이하라고 봐야 하지 않을까요. 어떤 사람을 대상으로 그렇게 말하는 사람은 그 사람에 비해 좋은 사람이겠지만 그렇게 부를 때 재미로 그러겠습니까. 그리고 그 말하는 대상이 되는 사람도, 사람으로서 참말로 어려운 삶을 살게 되는 사람일 것입니다. 그렇게 부를 사람도 없고, 그렇게 부르는 사람도 없어야 되겠지요.

길을 가다가 보면 좋은 차 그러니까 상식적으로 좋은 차는 비싼 차라고 일반적으로 받아들일 수 있습니다. 그런 좋은 차들과 외제 차, 가격으로 따지면 상대적으로 비싸지만 그렇다고 성능이나 기능이 국산 차보다 월등히 좋은 것은 아니지만 그래도 그래야 한다면, 그러니까 그런 차를 타야만 폼이 난다고 하면 여하튼 어쩔 수 없으니까요.

길을 가다 보면 이들 비싼 차나 외제 차의 운전 예절이 대부분 엉망입니다. 바빠서 그럴 수 있다는 거야 누구나 이해할 수 있는 면이 있습니다. 구경거리가 많은 길을 가면서 상행인 경우에는 구경을 하다 갑작스레 일이 생겨서 바쁘게 되돌아가야 하나 보다

하고 이해할 수 있습니다. 그런데 하행인 경우는 구경하러 가는 경우가 될 텐데, 구경을 바쁘게 할 필요가 없는 것 아닙니까. 그러면 당연히 운전 예절이 나쁜 사람으로 생각이 됩니다.

지금 빠르게 간다는 이승에서의 일입니다. 그렇게 빨리 달리다가 결국 저승으로도 그렇게 빨리 가려고 하는 것인지 궁금합니다. 여기에서 또 하나 자기 자신의 목숨을 이승에서 저승으로 몰아가는 것은 자기 책임이라고 하더라도 왜 아무 관련도 잘못도 심지어 영문도 없이 타인에게 피해를 주려고 하는지 모를 일입니다.

이승은 이생此生에서 저승은 차생彼生에서 유래하였다고 알고 있는 단어인데, 사람들이 저승을 나타내는 다른 명칭으로는 후생後生·타계他界·명부冥府·음부陰府·명도冥途·명토冥土·황천黃泉·유계幽界·유명幽冥 등으로 부르기도 합니다. 사람들이 저승을 이 말 저 말 여러 가지 말로써 사용한 것을 나름대로 개인적으로 해석해보면, 얼마나 무서워하고 혼란스러워하는지 나타낸 것이 아닌가 하고 생각합니다.

5억짜리 차를 타고 예의 없이 운선하는 1백만 원 가치의 사람이 지나가면 5억 1백만 원 가치의 차를 탄 사람이 꽃구경을 어지럽게 하고 있는 것입니다. 또 어떤 사람은 중고 소형자동차 5백만 원짜리를 타고 운전 예절을 지켜가며 자연이 준 꽃과 꽃 만이 아니라 그 주변의 풍광을 모두 느끼는 10억 가치의 사람이라면 10억 5백만 원의 가치를 가진 사람이 차를 타고 구경을 하고 있는 것입니다.

무조건 사람의 가치에 대해서만 대단한 것으로 생각한 것 같으나, 사실 차의 가격도 시동도 걸리지 않고, 쓸모도 없는 차라도 박물관에 있으면서 그 나름대로 그 시대의 인물과 그 시대의 역사적 이야기를 담고 있는 유물이 된다면 그 가치는 생각할 수도 없이 올라갈 것입니다. 차의 가치도 차 가격 자체에만 있는 게 아니라 차가 가지고 있는 이야기에 따라 가치가 달라질 겁니다. 우리가 앞서 예를 든 훌륭한 분들도 역사에 남아 오랫동안 우리와 함께 살아가는 것은 역시 이야기가 있기 때문이지 않겠습니까.

지금 약간 말도 안 되는 어쩌면 전혀 말도 안 된다고 할 수도 있는 그런 상황과 논리로 억지 글을 쓰는 것이 맞습니다. 그렇지만 어설프게 이것저것을 막 가지고 와서 섞어서 뭔가 한 가지 말을 전하고 싶은 것이 있다는 생각이 안 듭니까.

꽃구경과 차량 운전에 대해서 이야기를 했지만, 사실은 그 외에도 유사한 구조로 된 말 하고 싶은 것들이 많습니다. “나” 하나만이 아니라 그리고 “너”까지 둘만이 아니라 “우리”라는 셋이나 넷도 아니고 “우리 모두”라는 수백 수천도 넘는 흔히 삶을 살아가는 사람들 모두라는 말을 하고 싶었던 것일 겁니다. 꼭 편하지는 않더라도 최소한 불편하지 않게에 대해서 말입니다. 아무 뜻은 없지만, 그리고 어떤 것에 대해서 이긴 것도 없고, 이기려 한 적도 없지만, 그냥 “만세”라고 외쳐보고 싶습니다. “만세”.

# 시간 때우기

01-09-0009

/

2018.04.16(월)

이번 글은 좀 급하게 쓰는 느낌입니다. 지난 7번째에서 암호 같은 번호에 관해서는 설명했기에 대략 아실 거라 생각이 됩니다. 오늘 알려드릴 것은 발행 날짜에 대해서입니다. 글의 어떤 특정한 주제가 없는 것은 맞지만, 그렇다고 아무것도 생각하지 않으면서 글을 쓰지는 않겠지요.

대략 "어떤 분위기의 글을 써야겠구나."하고는 매일매일 생각을 합니다. 그냥 푹 쉬면서도요. 그중에서 이번에는 이것을 쓰자고 결정하고 나서는 대략 3~4일 정도 생각을 하는 것 같습니다. 그러면서 알고 있던 것이기는 하나 오류 등을 점검하기 위해 검색도 해보고, 수정도 하고, 잘 못 알고 있던 것에 대해 다시 익히고 그러면서 맞춤법 검사도 하고 해서 발행을 합니다.

그러니까 허접스러운 글 한편을 만들어 내는데 거의 일주일이 소모된다고 봐야 하는데, 그런데 또 발행한 날짜를 보면 그렇지도 않을 것입니다. 아마 아주 불규칙하게 발행이 될 것인데, 이는 한편의 글을 다 쓰고 다음 편의 글을 쓰는 게 아니라 동시에 3~4편의 글이 계속 들락날락하면서 생각을 정리하고 글쓰기를 진행시키기 때문에 그렇습니다.

그런데 거의 매일 노는 것은 맞는데, 간혹 2~3일 별일 아니기는 한데 바쁠 때도 있어서, 그럴 때면 앞뒤 연결을 시키려고 시간이 한참 더 필요한 것을 경험을 통해 알게 되었습니다. 그러니까 글을 쓰고 발행을 하고 하는 스스로 정한 일정들이 생각했던 것과 자꾸만 틀리게 됩니다. 이런 것은 "원래 그럴 줄 알았어." 하면서 넘어가야 할 일인 것 같습니다. 누가 나에게 무슨 시비를 걸겠습니까. 혼자 스스로 시비를 걸어보고 또 혼자 스스로 다독이고 그러면서 하루 시간 보내는 것이지요.

이번 글은 좀 급한 느낌의 글이라 했는데, 다름 아닌 2018년 4월 12일(목) 개막하여 2018년 4월 15(일) 폐막할 때까지 3박 4일 일정의 기지시 줄다리기 축제를 합니다. 기지시 줄다리기(tugging rituals and games) 축제는 “유네스코 인류무형문화유산(UNESCO Intangible Cultural Heritage)”으로 2015년 지정되었고 또한 1982년 국가무형문화재 제75호로 지정된 유명한 민속놀이 축제입니다. 그래서 여기에서 기지시 줄다리기 축제에서 행해지는 광경을 사진 몇 장 올리면서 함께 이야기해 보려고 합니다.

그림 1. 기지시 줄다리기 박물관과 줄다리기 안내 걸게 그림. 2018. 04. 15(일) 촬영.

그림 2. 기지시 줄다리기 박물관 입구 기지시 줄다리기를 안내하는 명문과 행사 안내용 깃대. 2018. 04. 13(금) 촬영.

그림 3. 줄다리기 본 행사(15일 일요일)를 위해 대기 중인 모습. 줄 제작 장소이기도 함. 2018. 04. 13(금) 촬영.

그림 4. 자발적 당진시민과 당진시의 동원된 학생 그리고 자발적 외지인들이 함께하는 놀이 앞부분 일부. 2018. 04. 15(일) 촬영.

그림 5. 기지시 줄다리기에 참여한 사람들과 풍물꾼과 구경꾼들의 모습. 줄의 중앙 부분 일부. 2018. 04. 15(일) 촬영.

기지시 줄다리기는 충청남도 당진시 송악읍 기지시리에서 행하는 민속놀이 행사입니다. 이 행사에 참여하면 재미있습니다. 그리고 매우 흥겹습니다. 사진 몇 장으로 여러분 스스로 재미를 느껴보시던가 상상을 해 보시던가 하면 좋을 것 같습니다. 마지막 날인 15일(일) 행사 사진 몇 장을 올려 봅니다.

아마 이날 많은 분이 참석했고, 그 많은 사람 중에 고급 카메라는 물론 휴대폰 카메라로 사방팔방에서 마구 찍어 대기 때문에 좋은 사진들이 넘치고 흘러날 것입니다. 전문작가들이 있어서 더 좋은 사진들이 있는지는 모르겠으나, 이 정도로도 만족한다고 생각하기만 하면 충분히 만족할 수 있습니다. 단 한 장의 사진으로 감동을 주거나 교훈을 주거나 하는 사진들은 전쟁이나 대형사고나 어떤 극단적인 상황에서 나타날 수 있는 경우이고, 이렇게 즐겁게 치르는 행사를 하나로 나타내기는 어려워서 몇 장을 올려보기는 하나, 느끼려 하지 않는다면 결국 아무리 많은 사진을 보더라도 헛수고가 될 것입니다.

그리고 기지시 줄다리기에 대해서 참고가 될 만 한, 아니면 관심을 가질 만한 내용들은 기지시 줄다리기 박물관도 잘 건축하였고, 자료나 영상 등도 잘 구비되어 있습니다. 그러나 기지시 줄다리기 박물관의 자체 홈페이지는 없기 때문에 인터넷으로 검색할 수는 없고, 다만 당진시에서 관광 소개로 간단한 역사와 내용 등을 소개하고 있습니다.

그렇다고 평소 및 평일에 관광차 기지시 줄다리기 박물관만을 보기 위해 방문한다면 다소 밋 밋 합니다. 사람이 많이 있는 것도 아니고, 다만 지성인들이 하는 것처럼 순수하게 관람한다고 생각하면 되고, 뭔가 재미있는 게 있을까 하면 뭔가가 없습니다.

주변 관광지 또한 뭐가 있을까 생각해보면 문학 하는 분들일 경우 상록수의 저자인 심훈 선생의 심훈 문학관이나 가톨릭 신자들의 경우에는 김대건 신부님의 솔뫼성지가 그리고 신리성지 등 여러 성지가 주변에 있습니다. 그런 정도입니다.

여러분들도 줄다리기가 왜 하고 어떻게 하는지는 최소한 알고 있을 것으로 생각합니다. 그러니까 팔뚝 굵기의 큰 동아줄을 일렬로 놓고, 그 가운데를 기준점으로 해서 기준 표시를 하고, 좌우 2~3미터 간격을 두고 서로 상대편과 동수의 사람들이 줄을 잡아당겨 힘겨루기를 합니다. 이기고 지는 것은 일정 시간 서로 줄을 당기게 두고 난 후, 호루라기로 종료 표시를 하면 기준점에서 자기 쪽으로 기준 표시가 넘어오면 이기는 게임입니다.

그러니까 줄다리기는 천하장사 한 명이 있다고 해도 그 한 명의 힘으로는 이길 수 없는 다수가 협력하고 리듬을 타고 해서 이겨야 하는 게임입니다. 생각해 보면 여럿이 줄을 당겨서 정해진 시간에 자기편으로 조금이라도 이동시키면 이기는 아주 단순한 게임입니다. 그런데 재미있습니다. 겨우 줄다리기라고 할 수도 있는데, 뭔 재미가 있을까요.

재미를 얘기하기 전에 협동심을 키울 수 있는 장점에 대해서 먼저 말 해보면, 우선 상대가 있어야 하고 그 상대가 동수로 다수여야 합니다. 그러니 시골 지역의 마을 체육대회 그리고 초등학교의 운동회 또한 회사의 한마음 체육대회 등 거의 많은 경우에 줄다리기 종목을 채택하고 게다가 우승한 경우에 비교적 배점과 상금 그리고 상품이 상대적으로 풍부하게 제공되는 것을 여러 경우에서 보게 됩니다. 왜 그럴까요.

그만큼 협동한 것에 대한 의미를 인정하고 보상을 하고 이 이후의 다른 일에 대해서도 그렇게 하라는 격려의 의미가 있지 않을까 생각해 보게 됩니다.

줄다리기 우승팀의 문제는 회사의 한마음 체육대회 즉 성인들이 행한 줄다리기에 한해서 한마디 하면 우승 상금을 받았다고 합시다. 그러면 그 상금이 어떻게 쓰일까요. 아니면 어떻게 쓰였을까요. 다른 부서 회식비로 주었을까요. 아니면 불우이웃 돕기를 했을까요. 모두 가능성이 있는 이야기 일수는 있지만 대부분 그렇지 않을 거라고 생각합니다. 자기들끼리 회식을 할 것이고, 적당히를 넘어서 할 것이고 그러다가 부작용까지 발생할 수도 있지 않을까 생각해 봅니다.

회사에서는 여러 가지 장점을 생각해서 계획한 일 즉 사원들에게 휴식도 제공하고 친목 도모도 하게 하고 직급 차이에 따른 위화감도 완화하고 등 그런 것 때문에 시간과 돈을 들여서 했을 것인데, 결과적으로 부작용이 크든 작든 발생했다면 생각해 볼 문제입니다.

이제는 줄다리기의 재미입니다. 위에 시골 마을 초등학생 회사 등을 예로 들었지만 크든 작든 간에 어느 줄다리기 게임이더라도 다양한 사람이 참여하게 됩니다. 그중에서 힘의 차이가 나는 경우입니다. 비교적 뚱뚱한 사람이 많은 팀과 그렇지 않은 다른 팀이 있을 때, 사람들은 일방적일 거라고 생각하기가 쉽습니다. 그리고 생각했던 대로 결과도 같을 거라고 생각해 볼 수 있습니다. 그런데 재미는 이기고 지고에서 나오는 게 아니라, 지는 팀이 하는 행동에서 나오게 됩니다.

가령 뚱보 팀의 상대 팀은 지지 않으려고 뒤로 드러눕는 듯한 버티기 자세를 대부분 취하려고 할 것이고 그래도 질질 끌려가고 그러다가 누구 하나 앞으로 엎어지면 순식간에 팀원 모두가 와르르 끌려가는 모양을 생각해 봅니다. 줄다리기가 이기고 지는 팀이 있는 것은 맞지만 그렇다고 전쟁하듯이 하는 줄다리기는 없습니다. 그래서 재미가 있는 것이지요.

또 다른 경우는 남자 1명에 대해서 여자 3명으로 한다거나 해서 시작을 하면 어느 순간 여자가 끼어있는 팀이 지려고 할 때, 주변의 여자들이 우르르 떼로 몰려들어 같이 줄을 당기는 모습도 재미있고 그러다가 줄을 당기러 가다가 넘어지고 당기면서 넘어지고 등등으로 재미가 있습니다. 줄다리기하는 짧은 시간 동안 벌어지는 재미있는 일이고 그 여운은 상대적으로 오래갑니다.

거의 글을 끝맺으려고 하는데, 그런데 여기서 기지시 줄다리기에 대해서 몇 마디를 하려고 합니다. 줄다리기가 전쟁은 아니라고 했지만 그래도 이기려고 노력하는 그러니까 힘을 쓰는 게임입니다. 그런데 기지시 줄다리기는 힘이 일반 줄다리기에 비해서 훨씬 힘듭니다. 일반 줄다리기가 5분 이내인 반면 기지시 줄다리기는 하루 종일 당겨야 합니다. 당겼다 당겼다 그리고 쉬다. 이게 반복됩니다. 당겼다 당겼다 그리고 또 쉬다. 그러면서 이기고 지고 자체가 없습니다. 그냥 계속 당기기만 합니다. 물론 기지시 줄다리기 박물관 앞마당까지 당겨 끌고 가는 것입니다.

기지시 줄다리기는 그러면 승패가 없을까요. 있습니다. 그런데 그 승패를 말하는 것에 교훈도 있고 재미도 있고 여러 가지가 있습니다. 그중에 교훈이 될 만한 게 무엇이냐면 아래 글씨를 보시면 되는데, 이는 기지시 줄다리기에 관계하시는 분이 직접 써 주신 것입니다.

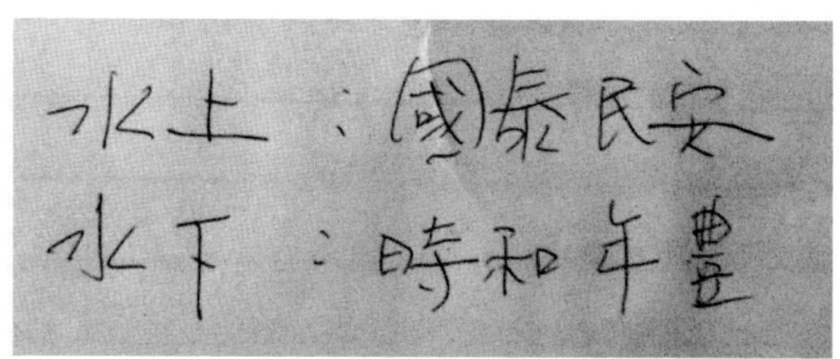


그림 6. 상수 : 국태민안, 하수 : 시화연풍

기지시 줄다리기에 관해서 설명하는 중에 상수 마을(위 마을)과 하수 마을(아랫마을)을 이야기하셨는데, 지금은 그 흔적을 찾을 수 없으나 500여 년 전부터 이어져 오던 민속놀이라는 것과 줄다리기 결과를 재미있게 해석한다는 것입니다.

위의 글씨는 상수上水 마을이 이기면 국태민안國泰民安, 하수下水 마을이 이기면 시화연풍時和年豊을 뜻하는 것으로 위 마을이 이기면 "국가는 태평하고 백성은 편안하다"라는 것이고, 아랫마을이 이기면 "시절은 화목하고 풍년이 든다"라는 것입니다. 참 좋은 말입니다. 그리고 여러 행사에서 많이 쓰이는 말이기도 합니다.

이때 질문 하나는 위 마을이 이기는 것이 좋을까요? 아랫마을이 이기는 것이 좋을까요. 아무나 이겨라가 답입니다. 그런데 말이에요. 조금 까다로운 문제가 하나 생겼어요. 나라가 전체적으로 편한 것과 농사가 잘되는 것은 거의 동급이었는데, 지금은 그렇게 생각하기 어려운 시대가 아닌 것 아닌가요.

물론 개념이 조금 바뀐 게 아니라 많이 바뀌기는 했습니다. 무엇이냐면 풍년에 대한 해석입니다. 지금이야 아침만이 아니라 시도 때도 없이 빵 먹고, 아메리카노 같은 커피 마시고, 그래야 차가운 그리고 세련된 도시인즉 현대인 척을 하지만, 얼마 전 예전에 농사를 지어서 풍년이 든다는 것은 기우제 등 하늘을 향해 제사를 지낼 정도로 섬겨야 할 대상이고 행복의 가장 큰 전제조건이었습니다. 이런 말을 하면서 지금의 젊은이들과 서로 초점焦點, focus이 잘 안 맞는 것이 현실이기는 합니다.

얼마 되지는 않았지만, 안도현이라는 시인의 "외롭고 높고 쓸쓸한(문학동네, 1994)"이라는 시집 중에 첫 시로 13쪽에 있는 "너에게 묻는다"라는 3행짜리 시가 있습니다. 거기에 연탄이라는 단어가 나옵니다. 그런데 시가 좋고 나쁨을 떠나 연탄을 잘 모르는 사람이 많은 세대가 되었습니다. 연탄을 잘 모르니 연탄불의 의미가 연상이나 되겠습니까. 안타깝다고도 못 할 일이고요. 연탄 땔 때 보다 잘살게 된 것을 안타까워하는 것도 또한 말이 잘 안 되는 것 같지 않나요.

위에 제공된 사진에서 보신 바와 같이 팔뚝 두께의 동아줄 정도가 아니라 거의 1미터 정도의 굵기에다 줄의 총 길이가 100여 미터가 되는 2개의 큰 줄에다가 수십 개의 중간 줄과 수백 개의 작은 가지 줄이 있고 수백 명이 참여해야 하는 것입니다. 이 또한 별것 아닌 민속놀이라고 생각할 수도 있지만, 예 맞습니다, 별것이 있는 것 또한 별로 없습니다. 특별하다거나 별것이 없다거나 이런 것으로 생각하고 평가하는 것은 의미가 없다는 생각을 해 봅니다. 그냥 그 자체로서 기지시 줄다리기라는 그 명칭과 행위와 그런 것들이 그대로 의미가 있다고 생각하면 어떨까 하고 생각합니다.

물론 글을 쓰는 중심에 기지시 줄다리기가 있어서 전체적으로 줄다리기라는 민속놀이에 대해서 언급하였으나, 그것만이 아니라 우리나라 땅 위 여기저기에 널려있는 어쩌면 하찮은 것까지도 관심을 갖고, 그에 대해 의미를 부여하면 그만큼 자신의 정신 세계 마음 세계 등 풍부해 지리라 믿습니다.

민속이 무엇인지에 대해서 정확성을 기하기 위해 주특기인 사전을 찾아보면 되겠지만, 그렇게 안 하고 마무리를 하려고 하는데, 우리는 이렇게 살아왔다. 우리는 그렇게 살아왔다. 우리는 저렇게 살아왔다. 우리는 모든 별짓을 다 해서 살아왔다. 이상입니다라고 끝맺으려 했는데 갑자기 사족 하나 길게 달아야 할 것 같은 생각이 들었습니다. 왜냐? 중요해서 그런 게 아니라, "글 쓸 소재로 오랫동안 생각했던 것"을 아니면 "글을 쓰기 위한 소재로 생각난 것"을 잊을까 봐 그렇습니다. 상수上壽 어르신들도 건재하신 지금 약간 죄송스럽세노 가끔 깜박하던 시기를 지나가고 있는 것 같은 또 어떨 때는 이미 지나간 것 같은 느낌이 들고는 합니다.

예전 한 3십여 년 전에 나도 먹고살기 위해 준비하는 게 있었는데 그게 한 분야를 전공하는 것이었지요. 그때 행동과학적 의사결정行動科學的 意思決定, behavioral decision science이라는 걸 공부를 해 봤습니다. 복잡한 이야기는 화끈하게 생략하고 의사결정에 관련되어 존 폰 놈이먼(John von Neumann)과 오스카 무겐스턴(Oskar

Morgenstern)의 책 Theory of Games and Economic Behavior (Princeton University Press, Paperback printing 1980)에 소개된 게임이론(game theory)이라는 부분이 있습니다.

게임이론은 경제학과에서 시작하여 수학과 통계학과 산업공학과 경영학과 사회학과 심리학과 등에서 주로 연구하고 필요에 따라 관심 있는 사람들이 많이 연구하는 내용인데, 나름 재미도 있지만 수학적으로 이해하기도 수월하지 않은 제법 어려운 내용입니다. 물론 수학적으로 어렵다는 이 이야기는 수학이 딸린 제 개인 소견이라는 점 미리 자수합니다.

또 게임이론 중에 단순해 보이는 제로-섬 2인 게임(zero- sum two-person game)이라는 게 있습니다. 이 뜻은 두 게임 참가자가 게임을 하면서 한 사람은 따고 그 상대자는 그만큼 잃게 되고, 그 합이 0이 된다는 것입니다. 당연해 보이는 결과입니다. 누군가가 플러스(+)가 되면 누군가는 마이너스(-)가 되어 그 합이 0이 된다는 것이니까요.

의사결정에는 분명 제로-섬 2인 게임이라는 것이 존재하고, 엄밀하게 수학적으로도 증명할 수 있고, 그 결과가 안 장점鞍裝點, saddle point 즉 최적해最適解, optimal solution이라는 겁니다. 보잘것없어 보이는 제로-섬 2인 게임에 대한 이야기는 현실적으로 우리들의 실생활에 많이 적용됩니다. 그리고 제로-섬 2인 게임 외에 제로-섬 3인 게임, 제로-섬 4인 게임도 있고 이것을 n 명으로 일반화한 제로-섬 n인 게임도 있습니다.

존 폰 노이만과 오스카 무겐 스턴의 위의 책은 640여 쪽으로 된 방대한 양입니다. 예전 한창때, 이 책을 읽기 위해 수학이나 영어가 문제가 되지 않았던 적이 있었는데, 정말 옛날이야기가 되었습니다. 수학도 영어도 이젠 다 문제가 됩니다. 줄다리기를 멋있게 설명해보려고 게임이론을 소개하면서 위대한 두 학자의 책을 소개하려고 했는데 큰 잘못이라는 것을 깨달았습니다. 게임이론에 대한 모든 설명은 여기가 끝입니다. 괜히 잘 모르면서 큰일 날 뻔했습니다.

그래도 게임이론에 대해 혹시나 한마디 했으니 관심이 생긴 사람들을 위해 조언하자면 한글로 소개한 책들이 게임이론, 경영과학, 의사결정 등의 이름으로 여러 권 출판되었으니 참고해 볼 수 있을 거라는 말씀드립니다. 간단히 네이버나 다음에서 "결정"이라는 단어만 치고 도서를 검색하더라도 상당히 많은 관련된 책들이 나올 것으로 생각됩니다. 그렇다고 그 많은 책이 게임이론을 모두 설명하거나 그렇지는 않겠지만, 생각해 보니 좀 기분 나쁠 것 같이 쓰인 책들 위주로 소개한 내용을 읽어보면 찾을 수 있지 않을까 생각합니다.

그리고 또 한 가지 내가 스스로 놀란 것이 "결정"이란 단어 말고 직접 "게임이론"이라고 도서 검색을 했더니 수천 권이 나옵니다. 가만히 보니 증보, 판형, 쇄가 바뀌어 중복 소개된 책도 부지기수이지만 하여튼 많은 사람이 저작을 했다는 것을 알았습니다. 세상에 얼마나 마시고 놀았으면 세상이 이렇게 바뀔 때까지 눈치도 못 채고 있었을까 한심한 생각마저 들고 있습니다. 바로 지금 말이에요.

"인생 다 그런 거지 뭐"라고 넘어가려고 하지만 참으로 씁쓸합니다. "내가 그런 사람이 아니었는데?"라는 생각이 들면서요. 그런데 10초, 긴 시간 아니고 짧은 시간이 지났어요. "아니야. 내가 원래 그런 사람이었어. 잠시 착각할 뻔했어, 그렇지 착각을 했던 것 같아. "하고 또 웃음이 납니다. 과거의 삶에서 "내가 옛날에…"가 없었던 사람이 이 세상천지 어디에는 없었겠습니까. 여기에서 또 나머지 말 끝내고 넘어가자는 것입니다.

그런데 의사결정에서 공식적으로 쓰이는 용어는 아니지만, 아니 실제 공식적으로 쓰이는지는 잘 모르겠으나, 사회적으로 사용되는 용어 즉 마이너스-섬 게임(minus-sum game)과 플러스-섬 게임(plus-sum game)에 대해서 말도 해보고, 생각도 해 보고 싶어서 몇 마디를 더 하고자 했습니다.

마이너스-섬 게임과 플러스-섬 게임에 대해서는 직관적으로 이해할 수 있는 내용 일 겁니다. 가령 마이너스-섬 게임의 경우에는 게임 결과가 마이너스가 된다는 뜻일 것이고, 플러스-섬 게임에서는 게임의 결과가 플러스가 된다는 뜻일 겁니다. 그런데 그런 경우가 과연 있을까요.

마이너스-섬 게임은 전쟁戰爭, war, 범죄犯罪, crime 등의 게임이 될 겁니다. 전쟁에서도 승자勝者, winner와 패자敗者, loser가 다른 어떤 게임보다도 극명하게 나타납니다. 그래서 전쟁은 게임이라고 하지 않고 말 그대로 전쟁이라고 합니다. 게임 그러니까 전쟁에서 이겼다고 해도 그 이긴 팀에게 플러스가 됩니까. 진 팀은 어마어마한 공통을 받아야 하고 그렇다고 이겼다고 해서 그 보상이 무조건 플러스가 되지는 않습니다. 결국 둘 다 마이너스가 되고 그 총합은 엄청난 손실 거의 재앙災殃 수준이 될 것입니다.

플러스-섬 게임은 봉사, 기부, 친선경기와 같은 경우가 될 겁니다. 이 경우는 사람들이 생각할 때 이런 것도 게임이라고 볼 수 있을까에 대해서 직관적으로 이해하기 참 애매할 수 있는 내용 일 겁니다. 그렇지만 서로 상대가 있습니다. 가령 봉사에 대해서 이야기를 하자면, 봉사를 받는 펴 봉사자가 있을 것인데, 분명 정신적 물질적으로 플러스가 됩니다. 반대로 봉사자의 경우는 돈과 시간 그리고 시간을 소비하는 동안의 기회까지도 손실입니다. 그것을 모르고 봉사에 참여하는 사람은 없습니다. 그렇지만 봉사자는 그런 손실을 마이너스라고 생각하지는 않습니다.

봉사자가 봉사에 참여하는데 강제성이 있다고 생각하십니까. 대부분 그렇지 않습니다. 자발적 참여입니다. 그랬더니 봉사에 들어가서 손실을 입혔던 금전적인 것 시간적인 것 모두를 상쇄하고도 남을 보람이라는 것을 가슴 한가득 느끼게 됩니다. 이런 개인의 활동이 곳곳에서 작게나마 자주 일어난다면 그 사람이 속한 사회 전체가 부드러워지고 따뜻해지지 않을까요. 맞습니다. 생각보다 훨씬 따뜻한 사회가 될 게 분명합니다. 플러스-섬 게임이 많이 일어나는 사회가 좋을 것 같습니다.

사족이 길다고 했는데, 실제로 길었지요. 나중에 시간을 어떻게 또 낼지는 모르겠지만 게임이론에 대해서 그리고 그보다 큰 범위인 의사결정에 대해서 몇 번 더 쓰려고는 하지만 내 기억력이 그렇게 해 줄지 모르겠습니다. 요사이 많이 쓰이는 결정 장애決定障碍 그러니까 무엇이든 결정을 내리는 게 너무 힘들어하는 말인데, 이런 말도 한 번 풀어봐야 할 것 같지 않나요.

이에 대해서는 아주 간단하게 한 가지 이유를 말해 줄게요. 뭐냐 하면 우리는 지금 아무 쓸데 없는 너무 많은 정보를 가지고 있어서 그렇습니다. 그런데 그렇게 된 원인은 어디에 있고, 뭘까요. 그것도 간단합니다. 핸드폰을 가지고 있다는 것이지요. 약간 말도 안 되는 방향이라고 생각하시겠지만, 곰곰이 생각해 보세요. 여러분들이 뭔가를 하려고 할 때, 무엇을 가지고 결정하려고 하는지를요.

아하 끝맺으려는데 정말 마지막 한마디 또 해야겠네요. 아주 상식적이긴 하지만 앞에서 플러스-섬 게임을 이해하기 어려울 수 있다고 했습니다. 그것은 또 왜 그럴까요.

게임이론은 의사결정을 필요로 하는 사람 그러니까 의사결정자意思決定者, decision maker를 합리적 인간合理的 人間, rational man이라는 전제하에 설명하는 것입니다. 그러면 합리적 인간이라는 조건이 무엇일까요. 그것은 나중을 위해 남겨두고, 이론에 의거하지 않고 다른 설명에 의존하지 않고 여러분들이 스스로 사회적 규범으로 따져 생각해 볼 때, 나는 합리적인 사람인가 생각해 볼 수 있습니다.

여러분 꼭 한번 생각해 봅시다. 나는 합리적인 사람인가?

아하 이런. 두 번째 사족이 들어갑니다. 이 또한 여러분들에게 하는 이야기이기보다는 내가 생각한 것을 잊을까 봐 얼렁뚱땅 뭉뚱그려 넣어보는 것입니다. 당진시의 기지시 줄다리기 사진을 보니 어떠신가요. 대략적으로 열기나 재미가 조금이라도 느껴지시나요. 여하튼 그곳 사람들이 500여 년 전부터 행하던 민속놀이입니다. 다른 말은 별로 할 것이 없고 사진을 설명하면서 당진시의 동원된 학생이라는 문구가 있습니다. 왜 이런 글을 썼을까 한번 생각이나 해보고자 해서입니다.

시골 지역이나 중소도시에서는 중고등학교 학생들의 봉사활동 시간을 채우기가 생각보다 어렵습니다. 하기는 도시 지역이나 지방 지역이나 마찬가지일 것으로 생각합니다. 상대적으로 봉사활동을 할 장소가 많은 대도시의 경우는 그에 비례해서 학생 수가 많고, 상대적으로 봉사시설이 적은 지방 지역의 경우 학생 수도 적으니까요.

이건 교육에 관련된 것일 텐데요. 약간 무리한 정책이 아닌가 합니다. 실효성 측면에서도 그렇고 교육적 측면에서도 그렇고요. 원래 참 착한 의도의 봉사활동을 한 학생들이 있었고, 그게 많은 학생이 하면 좋겠다는 생각에서 시작을 했겠고, 그러다 보니 일부 몰지각한 고위 공무원이 "많이"가 아니라 "전체"로 바뀌었겠지요. 물론 이것은 사실이 아닐 것입니다만 왠지 그럴 것 같을 수도 있지 않을까요.

국가의 많은 정책이 심심해서 커피 한잔하려고 모였다가 결정되는 경우가 있겠습니까? 없겠습니까? 그리고 있다면 많겠습니까? 적겠습니까? 그런데 참 웃기게도 정말 중요한 일을 결정하는데 커피 마시면서 결정하는 것은 그래도 양반입니다. 어떤 면에서 보면요. 질펀하게 술 마시면서 그리고 그다음 날에는 기억도 못 할 정도로 취하면서 농담하듯이 하던 말들이 정책으로 결정이 납니다.

어떻게 아느냐 하면 지위 고하를 막론하고 일이 터지면 기억나지 않는다고 하는 것을 본 적이 한두 번 있는 게 아니라 빈번하잖아요. 그 사람들이 신문에 나오고 뉴스에 나오면 보통 사람들이겠습니까? 이 사실은 그러니까 진실이라는 것은 딱 한 사람만이 알고 있는 것입니다. 그 자신이지요. 다시 원래의 상태 그러니까 의무적으로 하지 말고, 정말 착한 마음으로 봉사하는 젊은이들을, 그중에서도 중고등학생들을 잘 찾아내고 표창하고 그 사실을 알리고, 타의 모범임을 일깨우는 좀 느리거나 아니면 많이 느리더라도 그런 사회가 만들어지면 얼마나 좋을까요.

나쁜 것은 빠른 속도로 물들지만 사회적 틀에서 설득하고 규제되고 인도되어 그 크기가 한정이 되지만, 좋은 것은 느린 속도로 물들면서 사회적 틀 안과 밖으로 권장되고 칭찬하고 격려하고 하면서 그 크기가 무한히 될 것이거든요. 그렇지 않을까요.

기지시 줄다리기 한 번 훑어보고, 사진 몇 장 보여주고 그러면서 별 상관도 없어 보이는 게임이론에서 의사결정이 어쩌고저쩌

고하는 것으로도 끝을 맺지 못하고 결국 아주 적은 몇 마디의 말을 덧붙여 교육이 어떠어떠하다고 까지 말을 하게 되었는데, 뭔가 나름의 엉성한 맛을 가진 것으로 위로하면서, 실로 엉성하지만 엉성한 채로 그냥 맺습니다.

빈 칸 6 : 추억 또는 한마디, 쓰고 싶은 것 쓰기.

1.

2.

3.

4.

# 시간 때우기

01-10-0010

/

2018.04.20(금)

사람들에 대해서 참 좋은 사람 또는 참 착한 사람이라는 말들을 합니다. 우리가 말하듯이 그런 착한 사람들이 구분되나요. 그러면 악한 사람들도 상대적으로 있겠네요. 예, 그렇습니다. 이 세상에는 두 부류의 사람 다 있습니다.

정말 착한 사람에서도 많이 착한 사람, 그냥 착한 사람, 조금 착한 사람, 잘 모르겠지만 생각해보니 착한 사람 쪽에 있는 사람 그리고 정말 착한지 안 착한지 모를 사람이 가운데에 있고 반대쪽의 사람들도 점차 점차 더 나빠져서 정말 악한 사람 그러니까 흉악凶惡한 사람이 되겠지요.

여러분 앞에서 말한 사람들의 구분이 어떻게 된 것인지 알 수 있나요. 사회과학에서 주로 쓰이는 9점 척도라는 것으로 말 한 겁니다. 많이 착한 사람과 그냥 착한 사람이 구별되나요. 사실 잘 안 되지만, 꼭 잘 구분할 수 있는 것처럼 설명을 하는데, 재주가 아주 좋습니다. 9점 척도 외에도 7점 척도도 있고 5점 척도도 있는데, 그 간단한 예가 수-우-미-양-가 같은 사용입니다.

윗글에는 두 가지 의미가 들어 있습니다. 사회과학적인 연구를 하기 위해 어떤 척도를 쓰더라도 현실 세계의 묘사가 잘 들어맞지는 않는다는 것, 물론 더 좋은 방법이나 다른 특별한 방법이 없어서 그런 이유도 있지만, 그럼에도 불구하고 그런 방법을 써서 무엇인가를 설명하면 그럴듯하게 설명도 되지만 또한 맞아들어간다는 의미이기도 합니다.

그래서 어느 한 분야를 오랫동안 집중하고 연구하면서 어떤 결과를 만들어 내는 것이 힘든 일이고, 그 힘든 일을 평생 하는 사람들 대부분을 학자라고 합니다. 그 사람들은 말을 많이 해도 누군가가 뭐라고 하며 함부로 끼어들기 어려운 경우가 됩니다. 하루아침에 뭔가를 이루어 낸 게 아니기 때문입니다.

그런데 이 훌륭하다는 찬사를 받는 사람이 편견偏見을 가지고 있다거나, 시류時流에 영합迎合하거나 아니면 양심良心이라는 것을 조금이라도 가볍게 여기면 참으로 황당荒唐하고도 사회적으로도 복잡하고 어려운 경우를 만들 수 있습니다. 물론 이 사람들도 사람이기 때문에 사람으로서 생기는 욕심慾心이 없을 리가 없다는 점은 이야기를 해야 되고 그러함에도 절제節制, self-control 된, 절제하는 미덕美德을 갖추어야 한다는 말이 필요할 것 같습니다.

개인 대 개인의 문제에서 어떤 어려움이 생기더라도 그 결과는 개인에 국한됩니다. 그런데 그 훌륭한 한 사람이 사회적인 문제에 잘 못 된 신호를 보내게 되면, 사회 구성원 다수가 어려움을 겪고 심한 곤란에 처하게 할 수도 있습니다. 훌륭한 사람에 대해서 말하면서 사회적 영향을 언급했지만, 만약 한 국가의 지도자에 대해서 말한다면 어떻게 되겠습니다.

가령 독재자 한 명을 말하면 그런데 잘 못 된 결과를 가져오는 어떤 것에 대해 말한다면 어떻게 되겠습니까. 사회구성원 다수가 아닌 국가 구성원 전체가 영향을 받게 됩니다. 그것은 파멸破滅과 재앙災殃을 초래하게 되는 것입니다. 다시 말하지만, 이것은 전형적으로 나쁜 결과의 예일 경우를 가정할 경우에 그렇다는 것입니다.

가끔은 이런 말 그러니까 “법 없이도 살 사람”이라는 말도 합니다. 이 이야기는 착하다는 그것도 그냥 착한 정도가 아니라 많이 착하다는 것의 다른 말이 되겠지요. 그런데 이 말이 착하다는 뜻만 가지고 있을 것 같은가요. 아닙니다. 이런 병신 같은, 이런 어리석은 같은 부정적 의미도 있습니다. 지금 세상에서 법 없이 산다고 하는 게 가능하냐? 라는 것과 같은 말이 됩니다.

그렇다면 결국 개인의 선악만이 아니라 사회에도 선악이 있다는 말이 됩니다. 물론 있습니다. 그 경우도 다양하게 존재하는데, 독재국가의 경우는 국가 전체가 국민을 위하려고 한다기보다는 소수 특권층의 권력과 이익을 위해 개인의 자유를 제한하는 악한 사회가 됩니다. 이런 경우는 일부 특권층이라는 사람들의 패거리 문화에서도 많이 볼 수 있는데, 가령 기업의 경우만 하더라도 아주 작은 이익을 위해 소수의 사람이 같은 직장 동료인 또 다른 소수에게 불이익이 되게 만드는 것도 악한 사회입니다.

우선 선과 악에 대해서 그리고 개인과 사회를 구분한 표하나를 만들어 보려고 합니다. 이 생각 저 생각을 담아 표를 만들어 보기는 했는데, 특별한 기준이 있는 것은 아니지만 그래도 그 속에서 살아가는 사람들의 행복감幸福感 [a feeling of] euphoria, bliss, happiness 같은 것을 기준으로 생각하면서 만들기는 했으나 그렇다고 표에서 사용한 내용이나 용어가 적절한 것인지는 어떤지는 사실 잘 모르고 사용하려고 합니다.

표. 개인과 사회의 선과 악

| | | 사회社會 | |
|---|---|---|---|
| | | 선善한 사회 | 악惡한 사회 |
| 개인個人 | 선善한 개인 | 대다수의 선한 개인과 대다수 선한 사회 구성원들이 지지하는 곳 | 다수의 선한 개인과 일부 부분적으로 악한 사회구성원이 지지하는 곳 |
| | | 행복 사회幸福社會 utopia, paradise | 피곤 사회疲困社會 burning-out society |
| | 악惡한 개인 | 일부 소수 악한 개인과 대다수 선한 사회구성원들이 지지하는 곳 | 극소수의 악인과 다수의 악한 사회구성원이 지지하는 곳 |
| | | 모호 사회模糊社會 ambiguity society | 암흑 사회暗黑社會 black society |

위 표를 보면 개인이 악해지는 경우도 있고 사회가 악한 경우도 있다고 구분해 놓았고, 나름대로 그렇다면 그렇게 된 사회는 어떠한 것인가를 행복 사회幸福社會, utopia, paradise, 피곤 사회疲困社會, burning-out society, 모호 사회模糊社會, ambiguity society, 암흑 사회暗黑社會, black society라고 해 봤습니다.

각각의 경우를 엄밀하게 정의하거나 설명할 필요는 없고 다음 이야기에서 이렇게 저렇게 설명인 듯 설명 아닌 듯 이어질 것으로 생각합니다. 그러니 여러분들도 그냥 읽어보면서 이 생각 저 생각하시면서 여기에 어떤 의미가 있는 것인지를 느껴보시기 바랍니다.

그전에 선善, goodness과 악惡, wickedness이라는 단어 자체는 잘 아시리라 생각하고 또 어떤 행동이 선善한 행동인지 아니면 악惡한 행동인지도 잘 알고 계실 것이나 잠시 두 한자 중에 선善한 것은 아무리 지나쳐도 문제가 될 것이 없기에 그냥 넘어가고 악惡은 네이버 한자 사전을 통해 알아본 것을 아래 표로 정리하여 한 뼘 정도 더 알아보겠습니다.

옆의 표에서 보듯이 온갖 나쁜 것이 다 포함된다고 생각하면 될 것 같습니다. 다음으로 악惡은 "악하다"에도 쓰이지만 "미워하다"에도 쓰입니다. "악하다"의 구체적인 단어의 활용은 너무나 많아서 그냥 미뤄두고, 미워하다는 뜻으로 쓰이는 예를 들어보고 넘어가려고 합니다.

가령 환절기인 지금 여러분들이 감기에 걸렸을 때 쓰는 단어 중에 오한惡寒이라는 것이 있습니다. 그러니까 감기에 걸리면 갑자기 몸에 열이 나면서 추위를 느끼는 증세인데, 이것을 악한이라고 하지 않고 오한惡寒이라고 합니다.

표. 악할 악자의 여러 뜻

| 惡(악할 악, 미워할 오, 心(마음 심, 4획), 총 12획) | |
|---|---|
| 악으로 쓰이는 경우 | 악하다惡-, 나쁘다, 더럽다, 추하다醜-, 못생기다, 흉년凶年 들다, 병들다病-, 앓다, 죄인罪人을 형벌刑罰로써 죽이다 |
| | 더러움, 추악醜惡함, 똥, 대변大便, 병病, 질병疾病, 재난災難, 화액, 잘못, 바르지 아니한 일, 악인, 나쁜 사람, 위세位勢, 권위權威 |
| 오로 쓰이는 경우 | 미워하다, 헐뜯다, 부끄러워하다, 기피하다忌避-, 두려워하다, 불길하다不吉-, 불화하다不和-, 비방하다誹謗-, 싫어하다 |
| | 어찌, 어찌하여, 어느, 어디 |
| 단어 뜻풀이 | ①도덕적道德的 기준基準에 맞지 않는 의지意志나 나쁜 행위行爲<br>②인간人間에게 해害로운 자연自然 및 사회社會 현상現狀. 부정不正·부패腐敗·병·천재天災, 또는 나쁜 제도制度나 풍속風俗 따위로 설명 |

추위를 미워하다 또는 싫어하다는 뜻의 오한으로 쓰이는 것이지요. 또 하나 예를 들면 오심구토惡心嘔吐 그러니까 속이 메스꺼워 토하려고 할 때를 나타내는 말입니다. 이때도 미워하다 라는 뜻으로 쓰입니다.

선한지 악한지에 대해서 이야기를 하다가 갑작스레 남이장군의 북정가를 읽어보자고 제안합니다. 약간 뜬금없는 생각이 들지만 우선 읽어 보시기 바랍니다.

南怡將軍 北征歌(남이장군 북정가)

白頭山石 磨刀盡(백두산석 마도진):백두산에 있는 돌은 칼을 갈아 다 없애고
豆滿江水 飮馬無(두만강수 음마무):두만강 물은 말을 먹여 다 말려 버리리라.
男兒二十 未平國(남아이십 미평국):남아 이십 대에 나라를 평정하지 못하면
後世誰稱 大丈夫(후세수칭 대장부):후에 누가 그를 대장부라고 해 줄 것인가

남이장군은 이시애의 난을 평정하고, 여진족을 정벌하는 등 28세 나이에 병조판서에 오른 것으로 알려져 있다. 그때 유자광의 모함 그러니까 위 북정가 3행의 "남아이십 미평국"에서 '平(평평할 평, 다스릴 평)' 자를 '得(얻을 득)' 자로 바꾸어 '남아가 20세에 이르러 나라를 얻지 못하면'으로 고쳐 역모 죄로 몰아서, 결국 28세의 나이로 일생을 마쳤다고 한다.

남이장군과 유자광의 역사적 사실이 단지 몇 줄로 이렇게 단순하게 설명하고 끝나겠느냐만, 그 모두를 관심을 가지고 잘 설명된 책을 찾아보기를 권한다. 여기서는 역사적 사실에서 하나의 악한 사람의 예를 들어 보는 것으로 삼고자 한 것이다. 그러나 현재는 자유민주주의 시대이기 때문에 왕조시대에 있었던 역사적 사실을 가지고 비교하기는 어울리지 않는다. 그래도 나쁜 사람의 예는 시대를 떠나 어느 경우에도 가능하다고 생각한다.

그러면 현재 우리나라의 경우에는 나쁜 사람이 있을까 하고 물을 필요도 없이 많다. 우선 나쁜 사람은 누구라고 해야 할까. 나쁜

사람의 설명은 간단하다. 자기자신自己自身과 자기와 관계된 자들의 이익利益을 위해서 타인他人의 잠재적 이익潛在的 利益이나 현시적 이익顯示的 利益을 침해侵害하는 모든 경우이다. 그러면 어떻게 나쁜 사람이거나 나쁜 사람이 되는가. 이것도 그렇게 어려운 설명이 아니다. 우리 사회에 만연한 지연·혈연·학연地緣·血緣·學緣의 연결고리 그리고 동기연同期緣과 종교연宗敎緣 등 이루 말할 수 없이 사적인 고리들의 연결이다.

지연·혈연·학연은 많이 들어 보셨을 것이나 동기연同期緣이나 종교연宗敎緣은 처음 들어 볼 것으로 생각합니다. 시중에서 쓰이는 말인지 아닌지 어떤지는 몰라도 동기연은 예를 들어 사시 몇 회라고 하는 법률가 집단이라든가, 행시 몇 회 등 사무관급 이상의 공무원 집단들 그리고 사관학교, 경찰대학 몇 기 등이 유사한 것으로 볼 수 있고, 종교연은 같은 종교끼리의 연합 그리고 같은 종교이면서도 서로 분파된 타 종파들간의 연합 같은 것을 말하는 것입니다.

이들의 인연도 개인적으로나 사회적으로 좋은 활동을 보여주는 사례도 많지만, 그것보다는 더 많은 경우가 사회에 해를 끼치는 패거리로 역할을 하는 경우가 있습니다. 이들의 잘못은 사회적 지도자 역할을 하는 경우가 많기 때문에 더더욱 문제가 되는 것입니다. 사실 별것도 아닌 인간들이 대부분인 경우인데, 스스로 별것인 사람처럼 착각하면서 그러니 참 안타까운 일입니다.

우리가 보다 쉽게 좋고 나쁜 사람들을 판단하는 기준으로 적재

적소適材適所, the right man in the right place라는 단어 하나를 가지고 판단해도 충분하다고 생각합니다. 일자리 하나가 있을 때, 적재適材는 능력 있는 또는 자격 있는 또는 실력 있는의 뜻이고 적소適所는 그 일을 할 수 있는 지위나 또는 그 일을 할 수 있는 일을 하게 하는 것입니다. 그러면 더 무엇이 필요할까를 생각해 볼 필요가 있지만, 사실 그 이상은 없습니다. 다만 기회幾回는 공평公平하고, 과정過程은 공정公正하고, 결과結果가 정의定義로워야 한다는 것까지 생각하면 완벽하게 좋겠습니다.

공평公平, equity, fairness, impartiality, justice은 어느 쪽으로도 치우치지 않고 고르다는 뜻을 그리고 공정公正, justice, fairness, impartiality은 공평하고 올바름을 뜻합니다. 영어 단어들을 찾아보아도 차이가 잘 안 느껴집니다. justice라는 단어는 그냥 정의라고만 외웠지, 공평이나 공정으로 외운 기억은 없는데, 나만 그런지는 모르겠습니다.

그러니까 의미만으로 보면 공정이 공평을 포괄하는 개념인 것을 알 수 있으며, 한편으로는 공정은 공평과는 달리 옳고 그름에 관한 관념 즉 윤리적 판단이 이루어지고 있는 것으로 해석되기도 하는 등 참말로 사용하기 어려운 단어입니다. 사용하기 어려운 단어라 이 세상의 여러 일이 공평하거나 공정하게 이루어지는 것도 어려운 것인지는 모르겠지만 의외로 간단히 생각할 수 있습니다. 누구든 "그러면 되지"와 "그러면 안 되지", 이 둘을 구분하는 것입니다. 누군가를 대상으로 놓고 그의 자격이나 노력을 확인할 수 있을 때, 그 사람에 대해 "그러면 되지"라고 동의하는 점이 생깁니다. 반대로 똑같은 기준으로 비교했을 때, 그렇지 못하다면 "그러면 안 되지"라고 하면 됩니다.

누구든 "그래도 돼"와 "그래도 안 돼", 이것을 구분하는 것 또한 마찬가지일 것입니다. 이것은 어떤 경우를 말하려고 하냐면 집이 가난하더라도, 지방에서 학교에 다녔다고 하더라도, 빽이라고 하는 배경이라는 게 없더라도 그것보다 더 심하게 나쁜 경우로 몸이 비대하다든가, 키가 작다던가 아니면 좀 못생겼다고 하더라도, 인성 실력 자격이 갖추어졌으면 "그래도 돼"라고 해야 하고, 그렇지 않으면 어떤 조건이라도 "그래도 안 돼"라고 해야 합니다.

한 가지 더 좋은 사람과 그 사람들로 구성된 더 좋은 사회가 될 수 있는 예를 말한다면, "아무것도 걱정하지 말게, 지금 우리와 함께 시작하면 모두가 잘 될 거야"라고 하는 것이다. 굳이 얼마나 잘 되어야 하는지는 개인의 능력과 성실성과 그런 개인 역량에 달려 있지만, 그래도 시작은 가볍게 응원해 줄 수 있는 사회가 되기를 바라는 마음이다.

2018년 4월 지금 역사에 거의 오점으로 쓰이는 사건이 하나 둘 진행되고 있습니다. 하나둘이 아니라 사실은 나누어 따져보면 여러 개, 아니 그것보다 많은 수십 내지 수백 정도가 될 것이기는 하지만, 지금 그걸 따질 필요는 없으니, 각자 생각해 보시기를 바랍니다. 여하튼 능력이 안 되는 사람이 능력 밖의 욕심을 냈습니다. 무능력, 정말 본인만이 아니라 너무 많은 사람, 너무 넓은 영역에 실망감과 좌절감과 분노까지도 만들어 냈습니다.

대개의 경우 자기 자신은 자기 자신이 어느 정도 알고 있습니다. 조금씩 욕심을 내면서 사는 것은 인지상정人之常情일 것입니다. 그런데 이게 뭔지, 이 상황이 설명이 되는 것인지 정말 불가사의不可思議한 일입니다. 이것은 나쁜 개인이고 또한 나쁜 사회였던 것일 겁니다. 그래서 암흑 같은 사회가, 피곤한 사회가, 모호한 사회가 반복되었던 것일 수 있습니다.

사서四書와 삼경三經 또는 사서四書와 오경五經이라는 고전이 있다는 것은 다 아실 것입니다. 사서는 유교의 기본 경전인 대학大學·논어論語·맹자孟子·중용中庸을 삼경은 시경詩經·서경書經·주역周易을 말하고, 여기에 예기禮記와 춘추春秋 더하면 오경이라고 합니다.

이 고전 중에 사서삼경 또는 사서오경이 있고, 그중에 사서의 하나인 대학이 있고, 그 대학의 내용은 모두 여덟 개로 되어있어 대학 8 조목이라고 하는데, 이 8 조목은 격물格物, 치지致知, 성의誠意, 정심正心, 수신修身, 제가齊家, 치국治國 그리고 평천하平天下입니다. 앞의 4조목은 내적 수양을 위한 조목이고, 뒤의 4조목은 외적 수양에 관련되어 있다고 볼 수 있습니다. 이 각각의 내용은 여러분들이 관심을 가져보시기를 바랍니다.

대학의 이 8조목은 서로 모두 관련이 있어서 따로 떼어 설명하거나 하는 것은 의미가 반감될 것이나 우리가 일반적으로 알고 있는 수신-제가-치국-평천하에 대해서 엉뚱한 생각을 해 보려고 합니다. 기본적으로 고전을 정확하게 이해하고 생활을 하는데 올바른 태도를 유지하고 흔히 말하는 덕德을 쌓고 하는 것이 최선의 삶이 될 것인데, 지금 같은 시대에 감히 그런 말이 통하기나 하겠습니까?

점잖은 체면에 이것을 상스럽게 말하지는 못하겠고 그냥 "개가 판을 친다." 또는 "개가 짖는다狗吠"고 하면 되는 것인지, 아니면 그것보다 더 심하게 얘기를 해야 하는 것인지, 아니면 아무 말 없이 그냥 묵묵부답으로 넘어가면서 오늘 하루도 살아내야 하는 것인지 뜬금없기는 하지만 매일매일 그러다가 항상 그렇게 살아야 하는 것인지 스스로도 궁금합니다.

대학의 수신-제가-치국-평천하에 대해서는 올바로 해설한 책을 선택해서 잘 이해하시고 또 자신과 이웃 사회 국가 및 세계의 평화를 위해서, 대학에서 전하려고 한 그 내용에 따라 착실히 실천도 하시기를 바랍니다.

대학의 수신-제가-치국-평천하에 대해서 장난치려고 하는 것은 아니지만, 모자라는 한자-한문 실력과 모자라는 지식으로 여하튼 제 생각을 내보이면 아래와 같다고 보는 것입니다. 사실 이 정도는 누구나 다 알고 있는 정도 아닙니까. 맞습니다. 모두 아는 내용입니다. 다만 단어 순서대로 화살표 → 만 표시하지 않고, 화살표 ⇄로 표시했다는 것입니다.

| 수신 | ⇄ | 제가 | ⇄ | 치국 | ⇄ | 평천하 |
|---|---|---|---|---|---|---|
| 修身 | ⇄ | 齊家 | ⇄ | 治國 | ⇄ | 平天下 |
| 나 | ⇄ | 가정 | ⇄ | 나라 | ⇄ | 세상 |

수신은 나를 닦는다는 뜻인데 이게 또 문제입니다. 말은 나를 닦는다고 쉽게 말할지 모르나 언젠가 이야기했던 적이 있는 "내가 누군지도 모르는데?" 어떻게 그렇게 한다는 것인지 궁금합니다. 그래도 그렇다고 하고 또 넘어가는 게 센스가 아니라 어쩔 수 없는 현실입니다.

그다음으로 제가입니다. 가정을 잘 다스린다 또는 잘 돌본다의 의미인데, 수신 이후 제가인데 그 순서가 지켜져야 할까요. 독립운동을 하신 분들은 수신은 하셨을지언정 제가를 할 수 있었다고 생각합니까. 현대의 직장인들은 수신은 했다고 하더라도 제가가 지금 되고 있을까요. 최근에 쓰이는 말 중에 가족이라는 단어도 새롭고 또한 "저녁이 있는 삶"이라는 말은 신선하다 못해 충격적입니다. 왜? 어떻게? 저녁을 못 먹어?

치국은 가정이 화목한 집안의 사람들이 나라에 필요한 일을 하면 잘할 것이라는 생각입니다. 왜 그러냐면 가정이 화목한 집안이라고 해서 모든 게 풍족하고 모자람이 없느냐면 그렇지 않습니다. 단지 서로 협조하여 나누고 아끼고 하면서 화목해진 것이니까요. 나랏일을 그런 마음과 심정으로 하면 모두 다 잘한다고 하지 않겠습니까.

그다음이 평천하인데, 우선 여기에서 평천하에서 평의 뜻은 평정平定의 뜻이 아니라 평화平和를 의미하는 것으로 보면 좋겠습니다. 이것도 현시점에서의 해석으로는 세계시민을 위해서 열심히 일하는 것으로 보면 좋겠습니다. 세상 사람 다수가 어려운 나라를 돕기 위해 나설 수는 없습니다. 일부 열정적인 봉사자들이 열심히 하는 것으로도 만족해야 할 수밖에는 없습니다.

고전에서 언급한 아주 오래전에 한 말을 생각하면서 현대적으로 해석해보면 그리 어려운 말을 한 것은 아닙니다. 단지 그 말의 뜻에 따라 행동하는 것이 어려운 것입니다. 다이어트 생각해 보세요. 술이나 담배 생각해 보세요. 안 먹고, 안 마시고, 안 피우고를 모르는 사람은 하나도 없을 것인데, 그 쉬운 게 정말로 쉽던가요. 반대로 왜 어려운지를 생각해보세요. 이해가 안 되잖아요.

그러면 수신-제가-치국-평천하는 순서에 따라 성취시켜야 하나요. 아닙니다. 평천하 즉 세계시민들을 위해 일하는 세계지도자들은 일반 가정의 부모처럼 가정을 돌보지 못할 수도 있고, 치국 나라에 도움을 주기 위해 또는 나라의 도움이 되기 위해 제가가 어려운 경우도 많습니다. 군인들의 유엔 파병 같은 경우도 나라를 다스리는 것은 아니지만 여하튼 국익을 위해서 그리고 세계시민의 안전을 위해서 고생하는 것은 물론 처와 부모 자식과 생이별을 하고 임무를 수행하는 것 아니겠습니까.

사람들이 수신-제가-치국-평천하 각각의 단계마다 고차원적으로 탐구 즉 궁극窮極을 구하려고 한다면, 수신 한 가지를 탐구하는 것만으로도 일생이 모자랄 수도 있습니다. 수신을 이루겠다고 생각한 그 상태에서 수신을 다 끝내고 제가를 하고, 제가를 끝내고 치국을 하고, 치국을 끝내고 평천하를 한다는 것은 어불성설입니다. 결국은 현재의 여기에서 내가 할 수 있는 것이 무엇인지 있다면 그것을 행하는 것이 최선이고 전부일 것입니다.

시간이 나면 책을 읽거나 운동을 하는 나를 위한 노력을, 가족이 함께 모였을 경우에는 행복한 시간을 나라를 위해 할 일이 있으면 그 일을 그리고 세계시민들을 위해 할 수 있을 게 있을지는 모르겠지만 할 수 있는 게 있으면 한다고 생각하는 것입니다. 순서가 중요한 것도 아니고 필요한 것도 아닙니다. 무조건 행하면 되는 것입니다. "나는 언제든 준비되어 있다"라는 자세가 중요합니다.

그리고 수신-제가-치국-평천하 4단어만 가지고 이야기하다 보니 이빨이 빠진 것 같아서 아래 표처럼 두 단어를 넣어 봤습니다. 화린和隣이라고 이웃과 화목하게 지내는 것을 그리고 공영구共榮區라고 아시아 국가 면 아시아 국가끼리, 극동 국가이면 극동 국가끼리 공동으로 번영하자는 뜻으로 생각하는 것입니다. 요사이 FTA처럼 이해 당사국끼리 공존공영의 길을 가는 경우도 많기 때문에 따로 생각해 봐야 하지 않을까 하는 생각에서 이렇게 해 봤습니다.

| 수신 | ⇄ | 제가 | ⇄ | 화린 | ⇄ | 치국 | ⇄ | 공영구 | ⇄ | 평천하 |
|---|---|---|---|---|---|---|---|---|---|---|
| 修身 | ⇄ | 齊家 | ⇄ | 和隣 | ⇄ | 治國 | ⇄ | 共榮區 | ⇄ | 平天下 |
| 나 | ⇄ | 가정 | ⇄ | 이웃 사회 | ⇄ | 나라 | ⇄ | 인접 각국 | ⇄ | 세상 |

가만히 위의 표를 보면 뭔가 많이 어색합니다. 철학도 아니고 문학도 아니고 그냥 잡글 입니다. 지금 세상은 언어만 서로 통한다면 한 식구처럼 살아가고 있는 시대입니다. 그래서 선과 악의 경우에도 내가 선한 마음을 가지려고 노력하고 또 노력하면 선한 사람이 될 것이고, 그런 마음으로 가족을 대하면 가족 또한 선한 가족의 일원이 될 것이고, 우리 가족이 이웃들과도 잘 화합하며 친하게 지낼 것입니다.

그다음 단계는 조금 어려운 단계인데 고위급 공무원이 되거나 큰 기업의 임원이라도 되어야 하는 문제 때문에 그런데요 하여튼 그렇게 된 사람이 우리 가족 또는 우리 이웃에서 나타날 것 아니겠습니까. 그러면 역시 선한 마음으로 무엇인가를 하든지 간에 선하게 일을 치러낼 것으로 기대가 되지 않습니까.

지금은 글로벌 시대 또는 같은 말이지만 지구촌 시대라고 하니까, 이웃 국가들과의 협력이 우선 되어야 합니다. 그리고 나서는 세계 평화를 이루는 것으로 되어야 할 것 같습니다.

그런데 우리나라를 잘 쳐다보면 참 어려운 위치입니다. 우리나라에서 만든 세계지도를 보게 되면 우리나라를 중심에 놓고 제작

해서 그런지 세상을 생각하기가 복잡합니다. 미국이나 캐나다에서 만든 대형 세계지도를 보면 조금 더 확실하게 다가오는 것이 정말 5대양 6대 주의 바람골 같은 위치에 있구나 하는 것입니다. 자연계에서 일으키는 태풍 등 바람 일부는 섬나라 일본이 막아주기는 하지만, 그 바람 막아주는 대신 여러 가지로 마음 상하게 한다는 것은 말이 안 됩니다.

그 옆에 땅이 큰 나라인 중국이 있어서 여러모로 힘들게 하고 있고, 또 태평양 큰물 건너에는 미국이라는 땅도 크고 힘도 센 나라가 있어서 아군인지 적인지 헷갈리게 하는 나라가 있습니다. 국익을 위해서는 영원한 아군도 그렇다고 영원한 적도 없다는 것은 과거에서부터 현재까지 수십여 년 동안 눈으로 직접 봐 오면서 살고 있습니다. 우리나라는 매번 당하기만 하는 경우가 많고, 한두 번 안 당하면서 그렇다고 떳떳하게 한 것도 아닌 그런 경우도 있는 것 같습니다.

그리고 바로 머리 위에는 또 땅 큰 러시아가 있는데, 여기엔 더 큰 문제가 하나 있습니다. 그나마 머리를 똑바로 들고 있으면 모르겠거니와 머리 들기에는 머리 들려는 쪽에 불편한 것이 또 있습니다. 그래서 우리나라는 육지 그러니까 대륙 국가일까요 아니면 섬나라일까요? 지도상으로는 대륙 국가가 맞지만, 머릿속으로는 어! 우리가 섬나라인가 하는 의문을 가지고 살고 있는 것 같습니다.

지금 이 글은 2018년 4월 중순경에 여러 날을 걸쳐 쓰고 있습니다. 그런데 공교롭게 어느 집안이 연일 뉴스에 등장합니다. 수신이 안 된 부도 있고 모도 있다고 말입니다. 그런데 제가도 역시 잘 안 되었던지 자도 그렇고 녀도 그렇고 그들이 사회에 불편을 끼친다고 그럽니다. 타인의 의사에 반하여 그에게 불편을 끼치면 그게 악이라고 했는데, 적절한 시간에 적절한 예를 들어 주는 것 같습니다.

그러면 그 사람들이 화린和隣, 이웃들과는 잘 지낼까요. 궁금하지는 않지만 아마도 높은 담장의 집을 지었고 남들은 그들이 어떻게 사는지 아무도 모를 것 같습니다. 그렇게 살면서 이웃이 누구인들 알겠습니다. 그 사람들이 치국治國 아니 치사治社를 한답니다. 그런데 그럭저럭 잘 되는 모양입니다. 화린은 안 하든 못하든 그렇다 치고, 그 화린의 대상이 되는 좀 가난한 사람들이 그들에게 돈을 잘 벌게 해주는 이웃이란 사실이 참 기가 막히는 일입니다.

세상은 이렇게 막 이상한 방향과 상태로 돌아갑니다. 그래서 개인도 약삭빠른 사람처럼 되려고 자기 자신의 이익만을 먼저 생각하는 사회 즉 이기적利己的인 사회가 되어가면서 결국 국민 전체가 손해를 보는 사회를 열심히 만들어 가고 있는 것 같습니다.

선과 악에 대해서 첫 구상은 멋있게 설명해보고자 하는 것이었는데, 잘 안 되는구나 그리고 결과적으로 안 되었구나 하는 생각이 듭니다. 그렇다고 여기에 덧붙여 쓰고 지우고 하더라도, 더 낳아질 기미는 잘 안 보입니다. 선과 악에 대해서 여러 가지 생각을 더 해본 후에 첨삭을 하던지 아니면 조금 더 정리한 후에 다시 쓰든가 해야 할 것 같습니다. 오늘은 여기가 끝입니다.

# 시간 때우기

01-11-0011

/

2018.04.27(금)

살면서 이런저런 이유로 살던 곳에서 떠나 여기저기를 다녀가면서 먹고 마시고 이동하고 구경하고 자고 그리고 대량으로 사진을 찍고 하는 등의 여행旅行이란 게 생각보다 자주 있습니다. 여행의 결과는 지친 몸과 마음을 위로하기 위한 휴식도 있고, 아름답고 장쾌한 자연경관을 보면서 자연의 신비로움을 느끼면서 인간으로서의 나약함에 대한 위로를 받기도 하고, 역사적으로나 문화적으로나 유서 깊은 여행지를 찾아 조상이나 선현들의 정서를 접해가면서 향수를 떠 올리는 등 대단히 많습니다.

그렇지만 그 여러 가지 이유와 목적 중에서도 역시 많은 사람은 자기 눈으로 본 것들 모두에 대해서 미래를 위한 저축 곧 추억 쌓기를 하고 싶어 하는 경향이 큽니다. 그때같이 간 사람, 그때의 그 장소, 그때의 그 장소에서의 먹거리, 그때 들었던 그때의 노래, 그때 입었던 그때의 옷 등 대상은 무지무지하고 그 모든 것이 컬러사진에 고스란히 담겨있습니다.

그러나 거의 비슷하게 많은 움직임 등이 있으나, 각종 행사 가령 일가친척의 결혼식 방문이나 직장동료의 장례식 방문 또는 칠순 잔치 팔순 잔치 등과 같이 나이가 아주 불규칙한 모임이 되어서 불편함을 느끼는 모임과 같은 것이라든가 동호회나 친목회 동창회 등 비교적 고른 나이들이라도 술을 생각보다 많이 마셔야 하는 형식의 움직임들도 그렇게 유쾌한 여행으로 생각되지는 않는 것 같습니다.

이때 그렇게 느껴지는 것은 참가하는 인원수가 너무 많기 때문이 아닐까 하는 생각이 듭니다. 각인이 모두 다른 생각을 가지고 여행이라는 것에 참여했을 수 있으니까요. 그래서 어쩌면 움직임과 보이는 것들이 휴식이 되지 못할 수도 있으니까요.

또 다른 한 가지는 직장을 가진 사람은 직장이라는 정해진 장소에서 벗어나고 특히 외부로 그중에서도 먼 거리 내지 숙박을 포함하거나 심지어는 외국 등으로 일을 하러 갈 때의 이동과 관련된 것입니다. 이때는 단순히 여행이라 안 하고 출장出張, businees trip, official trip이라는 말을 씁니다. 영어로 trip이라고 했는데, trip이 여행이라고 쓰이는 것은 아시지요. 그런데 문제는 businees라는 단어가 같이 쓰이는 것을 보니 뭔가 일을 해야 하는가 봐요. businees는 사업이라고 번역하기도 하지만, 사업이든 뭐든지 간에 어쨌든 먹고살기 위해서 해야 하는 모든 일을 나타내잖아요.

이때의 움직임도 유쾌한 여행과는 거리가 멀고, 오히려 일을 열심히 하려는 사람은 일에 대한 책임감으로 이동과 그에 포함된 여러 행위가 스트레스로 받아들여 질 것입니다. "열심히 일하려는 사람"이라고 글을 썼는데, 직장을 다니는 모든 사람들이 그렇게 하고 있지 않나요? 라고 생각할 사람들이 있겠지만, 제 생각엔 모두 그렇게 열심히 하지는 않는 것 같습니다. 이 또한 각 개인의 양심良心에 맡겨야 할 일인 것 같습니다. 자신의 옳고 그름을 따지는 양심에 맡기면, 다른 사람은 어떻게 말하든지 간에 본인은 모두 그 내용을 알고 있습니다. 양심. 참 피할 수도 없는 무섭고도 아픈 단어입니다.

여행에서 술을 마시는 것도 분명 피로회복 휴식 긴장 완화 등 여러 기여를 하겠지만 부작용 역시 만만치 않다는 것을 잘 알고들 있지요. 여러분들이 술에 대해서 잘 알고 있는 속담 같은 게 있는데, 이게 우리나라에서 쓰이던 속담인 줄 알았는데, 나 역시 인터넷에서 우연히 알게 된 것으로 미국 작가 Fitzgerald라는 사람이 한 말이라네요.

First you take a drink, then the drink takes a drink, then the drink takes you.

처음에는 네가 술을 마시고, 다음에는 술이 술을 마시고, 다음에는 술이 너를 마신다.

– F. Scott Fitzgerald

살면서 가만히 생각해보니 내 주변에도 술 좋아하는 사람들이 생각보다 많습니다. 앞으로 이 말 잘들 기억하면서 사시는 건 기본입니다. 누구를 막론하고요.

여행이라는 단어가 처음부터 나왔었는데, 오늘 시간 때우기의 대상이 바로 여행에 대한 것입니다. 그런데 여행에 필요한 장소를 얘기하는 것도 아니고 아무것도 아닙니다. 잊을 때쯤 되면 한마디, 이것은 "시간 때우기" 용이여. 기대하지 마셔. 아무것도.

여행을 하려면 뭐가 있어야 할까요. 단도직입적으로 말하면 여행은 3박자는 돈, 시간, 건강입니다. 이 셋 중에 돈이 없으면 못 가지만 아주 조금만 있어도 가능은 합니다. 나머지 둘도 마찬가지입니다. 시간이 없다고 해도 단지 몇 시간 그것도 안 되면 한 시간 이내의 시간만 있어도 되고, 건강도 죽었다면 모를까 창문을 열어보고 대문만 열 수 있으면 여행이란 게 가능합니다.

그런데 여행의 3박자를 이렇게 엉성하게 가능과 불가능으로 얘기하면 약간 무의미해지니까 조금은 정상적인 여행을 전제하고 말해 보려고 하는데, 그럼 그 정도가 얼마일까요. 요사이 사람들이 여행이라고 하면 기본적으로 외국 여행, 비행기 여행, 크루즈 여행 등을 말하고는 합니다. 저는 외국 여행, 비행기 여행, 크루즈 여행을 생각해 본 적이 없어서 그런 얘기는 안 합니다.

그러면 뭔 얘기를 하려나 궁금해하실 텐데, 여행 3박자 즉 돈은 백만 원, 아주 심장 떨어질 정도로 간 크게 좀 더 쓰면 2~3백 만 원 정도입니다. 시간은 하루든 이틀이든 일주일이든 한 달이든 상관이 없다는 생각입니다만 이것은 시간 없는 직장인이나 장사하시는 분들과 사업가에겐 그림의 떡이라고 하나 너무 무리한 것 같기는 한데 대폭 양보해서 3박 4일 정도, 휴가 때라면 열흘 내지 보름 정도입니다. 건강은 해발 1,000미터 이상을 오르내리고 하루 7~8시간까지도 무리 없이 걸을 수 있어야 한다고 생각합니다.

이런 기준을 가지고 사람들을 생각하면 어떨까 하는 것이지요.

이 중에서 3가지를 다 만족하는 사람도 있고, 그중에 둘을 만족하거나 적어도 하나라도 만족할 수는 있을 것인데, 그렇다고 아무나 쉽게 훨훨 여행을 떠난다는 것은 쉽지가 않습니다. 왜 그러냐. 마음의 준비가 전혀 안 되었으니까요. 뭔 마음? 아무 생각도 하지 않을 마음이지요.

아래에는 아무도 동의하지 않을지도 모를 표를 하나 만들었습니다. 이 표가 뭔가하고 할 텐데, 그래도 한 사람의 삶과 여행 가능성을 설명해 보고자 만들게 된 표입니다.

| 나이 | 00~19 | 20~39 | 40~59 | 60~79 | 80~99 | 100~ |
|---|---|---|---|---|---|---|
| 최대관심사항 (행복의 기준) | 장난감 음식 의복 친구 오락 | 학력 애인 직장 의복 여행 | 재력 직장 인맥 명예 주택 | 건강 재력 명예 부부 자식 | 건강 자식 | 건강 |
| 여행 가능 상태 | 부모에게 종속 | 돈이 없어 미룸 | 시간이 없어 미룸 | 돈, 건강 모두 여의치 않음 | 건강 때문에 많이 포기 | 별생각 없음 |
| 있는 것 | 시간+ 건강 | 시간+ 건강 | 건강+돈 | 돈+시간 | 시간 | 시간 |
| 없는 것 | 시간+돈 | 돈 | 시간 | 돈+건강 | 돈+건강 | 생각안함 |
| 자랑거리 | 부모자랑 오락실력 자랑 | 지식자랑 학력자랑 | 돈 자랑 지위자랑 인맥자랑 | 건강자랑 자식자랑 | 건강자랑 | 자랑안함 |

이 표를 보면서 동의하기가 쉽지도 않을 것이고 그렇다고 딱히 그렇지 않다고 부정하기도 어려울 것이라 생각 합니다. 왜냐하면 이 세상에 사는 많고도 많은 아주 많은 사람들 중에서 사람을 대표할 표준적인 사람이 없고, 인위적으로 어떤 사람을 표준인 사

람으로 정하기가 어렵고 아니 어려운 정도가 아니라 불가능하기 때문이라고 생각합니다.

인종, 언어 등 사회학적인 구분으로, 키, 몸무게 등 개인적인 기준으로 어떤 것으로 정하더라도 스스로 그 기준이 합리적이지 않다는 것을 알기 때문입니다. 기준은 개인이 느끼는 정도로 결정해서 나는 아마 중간쯤에 드는 사람일 거야 아니면 그보다는 상위 또는 하위 어딘가에 들 거야라고 하는 게 오히려 타당할 겁니다.

간혹 사람들은 어쩌면 이 표와 이 표에서 임의로 정해 놓은 각 내용을 표준인 것으로 정하고 지금부터 거기에 맞추려고 할 사람도 있을 것입니다. 그런데 그러지 마세요. 누누이 말하지만 이렇게 정한 것은 개인적으로 시간을 때우기 위해서 별별 생각을 다 하다가 그중에 하나라는 것뿐이에요. 그리고 이 표가 완성도 아니라는 겁니다.

만약 여러분 중에 누군가가 지금 이 글을 읽어보는 시간이 언제일지 몰라도 나중에 무엇이 어떻게 바뀔지는 저도 모릅니다. 또한 나중에는 또 어떤 주제의 무엇에 대해서 사진이나 그림이나 표를 쓸지도 몰라요. 아니면 바로 전 01-07-0007번의 글에서 오유지족 처럼 붓으로 쓴 큰 글자 하나일 수도 있고요. 여하튼 뭐든지 내 마음대로 라고 할까요. 지납니다.

표에서 보면 여행을 하기 위해서는 돈, 시간, 건강이 갖추어져야 가능하다는 이야기인데, 이것을 이해 못 하는 경우가 있습니다. 젊은이들은 나이 드신 어른들이 건강 때문에 여행을 못 한다고 하면 우선 왜라고 생각합니다. 기계도 오래 쓰면 하나둘 고장이 나고 간혹 고치고 바꾸고 하지만 그래도 시간이 좀 더 지나면 멈추기까지 합니다. 사람들의 여러 신체 각 부위도 노화되면서 불편을 느끼게 되고 그 상태를 넘으면 거동이라는 것도 어렵게 됩니다.

그리고 여행의 대부분이 걷기입니다. 나이 드신 분들이 걷는다는 것이 얼마나 힘든 일인지 특히 농촌에서 밭일을 많이 하신 분들의 경우는 훨씬 심하겠지요. 요즘은 도시에서도 지하시설을 많이 건설해서 계단의 지나치게 많아졌기 때문에 그런 도로와 계단을 많이 이용해야 하기 때문에 걷기를 어려워하는 사람들이 많이 증가했습니다. 그러니 여행을 자꾸 기피하려고 하겠지요.

나이 드신 분들도 젊은 시절을 다 거쳤기 때문에 젊은 사람들이 돈이 없어서 여행하기가 어렵다는 말을 일부는 수긍하고 일부는 의아해 하겠지요. 옛날에는 아주 불편한 대중교통을 이용해서 어디라도 가고 싶은 곳은 다 다녔다고 하실 테니까요. 그런데 지금은 그렇지 않잖아요. 오히려 교통 사정 도로 사정 모두 좋아졌지만 지금은 거꾸로 공공 교통 사정은 더 불편해지고 있는 상황입니다.

공공의 교통은 물론 개인사업자가 운수업이라는 사업을 통해하게 되는데, 현재는 도시화의 진행 때문에 여행지가 있는 지방이나 지역의 공공 교통 사정은 수익성이 확보가 되지 않기도 하고 해서 오히려 나빠지는 경우입니다. 심지어는 고속도로의 건설 때문에 대도시 접근은 훨씬 편리해진 듯 보여도, 이것은 자가용 차량을 소유한 개인이나 가족이 있는 경우이고, 그렇지 못한 시골 노인들의 경우 대도시 병원을 방문하거나 하는 일이 점차 점차 더 불편해지고 있습니다.

언제 경상도 깊은 시골 지역을 여행 해 보세요. 그러면 아주 늦은 가을이나 초겨울에도 감나무에 감이 주렁주렁, 약간 뻥인 것 같은데, 하여튼 많은 감이 진황 주황색으로 예쁘게 열려 있습니다. 어떤 때는 그 진한 주황색 감 위에 눈까지 내려있는 경우도 있고요. 지금 무슨 이야기를 하는 것일까요. 별게 아니라고 해야 할지는 잘 모르겠는데, 시골에서 먹을 사람도 없고 그렇다고 딱히 줄 사람도 없어서 감을 수확하지 않아서 그런 겁니다.

산업화産業化, 도시화都市化가 일어나는 만큼, 아니 그보다 더 빨리 황폐화荒廢化, 공동화空洞化가 동시적으로 같은 수준 이상으로 일어나는 하나의 예例입니다. 원하건데 또 바라건대, 국가의 고위 공무원을 해서 먹고살기에 아무 부족함이 없는 사람, 이 사람들은 현재도 대도시에서 살아도 먹고 살 걱정은 안 하지 않겠어요, 공무원 연금도 있을 것이고 또 뭔가 있을 것이니, 그런 사람들이 자기가 태어난 고향으로 귀향을 해서 그 자리를 지키면 얼마나 좋을까요.

마찬가지로 사기업에서 고위 임원을 했던 사람들도 고향을 찾아가서 지금까지 축적해 놓은 부를 옛 어른들을 위해서 또 옛 친구들을 위해서 조금만 쓰면서 시간 때우기를 하면 어떨까요. 2018년 4월 21일 토요일을 기준으로 이틀 전에 막걸리 한 병을 마셨는데, 1,200원이었습니다. 시간 때우려고 애를 쓰는 나도, 막

걸리 마시는데 큰 부담이 아니라 작은 부담도 없습니다.

생각해 보세요. 앞으로 내가 하루에 막걸리 열병씩 사서 동네에서 예전부터 알고 있던 사람과 옛일을 추억하며 막걸리를 마시며 시간을 보낼 때, 그 돈을 계산해 보니 돈이 없어서 안 되겠는데 라고 할 것 같은가요? 그렇지는 않을 겁니다. 막걸리는 누룩 냄새가 나면서 크게 쓰지 않은 술이라 엉성한 양주 마실 때처럼 크~ 이런 거 안 해도 술술 넘어가요. 술이니까요.

청년 초입에는 대학을 다닌다고 하면서 좋은 시간을 보낼 수 있는데, 대학도 있는 자나 낭만이든 뭐든 지랄이라는 것도 있지, 그렇지 않으면 참 고통스러운 시간입니다. 그래도 돈, 시간, 건강 세 가지 중에 건강과 시간을 가지고 있고 돈만 없으나 그래도 이 조건에서는 여행을 많이 다녀야 된다고 봅니다. 왜냐하면 교과서에서 설명된 사회는 "고도로 정제한 내용"을 기술한 것입니다.

교과서에서 한 발짝만 나가도 교과서적으로 사는 사람은 거의 하나도 없습니다. 여러분 지나가다 보니 몇 사람이 웃고 있습니다. 거기에서 웃는 사람이 있다고 해도 같은 이유로 웃는 게 아닙니다. 그리고 또 누군가 운다고 해도 같은 이유로 우는 사람 역시 하나도 없습니다. 여러분이 여행을 한다면 무엇인가를 먹어야 하는데, 맛도 그렇습니다. 어느 지역을 가나 무수히 많은 식당 그중에서 중국식당이라고 해도 같은 맛의 자장면은 없습니다. 그게 잘 못 된 것이 아니라 정상입니다. 조금씩 다른 맛을 느껴야 그 지역을 여행하는 기분이 드는 것이지 유명 햄버거라고 하더라도 그냥 그 회사 햄버거 맛입니다.

도시의 시장, 시골의 장터를 가더라도 설렁탕 해장국 육개장 모두 같은 단어의 음식을 팔고 있지만, 단어만 같을 뿐 맛이 같지는 않습니다. 그렇다고 영 딴맛은 아니고 비슷한 집은 많이 있겠지요. 그 정도의 맛이면 충분히 재미있지 않을까 생각합니다. 그리고 지방을 여행하다 보면 느끼게 되는 또 더 재미있는 것이 우리나라 같은 경우는 반찬이잖아요. 그 지역에서만 먹어 볼 수 있는 겨우 한두 가지 정도의 색다른 값싼 반찬 말입니다.

전주에 가면 한정식이 유명합니다. 전주 한정식의 특징은 육해공 모두 나온다는 것과 그 외에 각종 반찬들이 30여 종 나옵니다. 맛있습니다. 이 중에서 제일 맛있는 것이 무엇일까요? 한정식집에서 제일 맛있는 것이 뭘까? 나중에 슬쩍 지나가는 식으로 답할 것인데, 그렇든 아니든 크게 상관없는 내용이니 관심을 가지지는 말고요.

전주 한정식에서 말하고자 하는 것은 단지 맛있다에 대해서만 말하려고 한 것은 아닙니다. 다른 도시에 비해 전주 한정식은 반찬의 수나 맛에 비해 가격이 저렴합니다. 그런데 식당을 경영하는 것은 어디를 가나 어느 정도의 이익을 내야 맞는데 싸다는 것은 이익을 조금 낸다거나 아니면 재료비를 싸게 구입할 수 있다거나 등의 여러 원인이 있을 것입니다. 그런데 재료비가 싸면, 그것을 공급하는 농민들의 수익이 적다는 것과 연결이 됩니다. 그것이 약간 가슴 아픕니다.

그 재료에는 쌀도 있고, 쌀값은 어떨지 모르겠는데, 쌀값도 너무 싸면 또 가슴이 아픕니다. 그 넓은 땅에서 쌀농사를 지어야 하는데, 가격이 싸다면 수익이 적은 것이니까요. 한정식집에서 맛있다는 얘기를 많이들 하지만, 사실 그중에서 화룡점정畵龍點睛이라고 할 것이 흰 쌀밥인데, 쌀 농사짓는 사람이 가난하다면 좀 그렇잖아요. 뭔가 하나가 지금 막 슬쩍 지나갔네요.

청년 시대를 지나면서 직장도 잡아야 하고 결혼도 해야 되고, 정말 미칠 것 같은 시간을 살아야 하는데, 지금 이 시대 얼마나 어려워요. 무엇보다도 제대로 평가도 못 받아보고 일부 끼리끼리 밀고 당기고 하면서 얼마 있지도 않은 취업 자리도 자기들끼리 나누어 가지는 뉴스가 여러 번 나오는 걸 보고 있으니 열불이 나겠지요. 이 대목도 참 불편한 마음이 들게 하는 내용입니다.

바라는 바야 당연히 일자리를 많이 만들어서 취업도 하고 연애도 하고 결혼도 하고 등 본격적인 삶의 초반에 행복을 누릴 수 있게 되어야 하는데 말입니다. 포기抛棄, 던질 포, 버릴 기라는 단어는 던져 버림을 뜻하는 말입니다. 시중에 젊은 사람들을 3포 세대三抛世代 그러니까 연애戀愛, 결혼結婚, 출산出産을 포기하는 말로 쓰고 있는데, 3포에서부터 시작하여 지금은 7포 세대七抛世代라고 하여 3포+인간관계人間關係, 집住宅, 꿈夢, 희망希望까지 포기하는 것으로 알고 있었습니다. 그런데 이게 다가 아니라 9포 세대(구포 세대)란 말도 있어서 보니 7포+건강健康, 외모外貌까지도 포기하고 있는 중이라고 합니다. 그러면 이게 끝이냐? 10포라고 하여 심지어는 학업學業

포기도 속출하는 것으로 말해지기도 합니다. 어떤 경우에는 15포라고 하여 몇 가지를 더 말하고 있으나, 약간씩 의미와 내용도 다르고 그리고 좋은 것도 아니니 이만할까 합니다.

앞으로 무엇을 더 포기하려는지는 모르겠으나 이들이 20대 후반 30대 초반인 경우가 대부분이고, 이 포기의 결과는 3불 세대三不世代로 그대로 연결이 됩니다. 그러니까 주거불안住居不安, 직장 불안職場不安, 노후 불안老後不安이라는 평생 불안한 삶을 살게 되는 것입니다. 3불三不은 또 다른 뜻으로는 불안不安, 불만不滿, 불신不信이라는 말로도 쓰이는 경우도 있습니다.

이런 식으로 말하면 위의 3불+불법不法, 부정不正으로 5불五不이 되고, 거기에다 불의不義, 불통不通, 불비不備 등 여러 가지 불안과 불만의 요소들이 있고, 원하면 이런 것들을 더 찾아 열거할 수도 있을 것이다. 그러나 그것이 무슨 의미가 있겠는가? 국가경영을 담당하는 사람만이 걱정할 것은 아니지만 그 사람들의 입장이 되어도 뾰족한 수가 별로 없다는 게 문제입니다.

그나마 한가지 완화할 수 있는 방법은, 쓸모없이 지나치게 많은 재산과 자산을 가진 사람들, 그러니까 재벌이라고 하는 기업가들이 그들이 차지하는 이익을 조금 양보하면 어느 정도 완화될 것으로 생각합니다. 기업들도 미래를 준비해야 하기 때문에 잉여금을 함부로 처분하라는 것은 아니지만 고용을 조금 더 해도 될 정도로 내용이 좋은 것으로 전해지고 있습니다. 기업가 정신이라는 것이 신제품 개발, 시장 개척, 수익 극대화 등 여러 가지로 해야 할 일이 많습니다. 그중에 국민들에게 혜택을 줄 수 있는 것은 가장 훌륭한 정신이 아닐까 합니다. 그러니까 고용을 늘리는 일 말입니다.

참 안타깝고도 어려운 말들이 죽 나열되고 있습니다. 그래도 이 청춘들에게 말하고 싶은 것은 걱정과 근심은 알겠지만, 현재 돈만 없는 상태입니다. 아니 직업이 없으니 돈도 없는 상태이겠지요. 그래도 인생에서 세 가지 중 두 가지를 가지고 있을 때, 걸어서는 어렵겠지만, 그래도 걸어서라도 여행을 많이 하고, 다른 사람들의 삶도 보고, 꽃길도 보고, 땀 흘리는 시골 역시 땀 흘리는 어촌마을, 산촌마을을 보러 다니기를 바랍니다.

여행은 어떻든 간에 같이 위로하고, 같이 위로받는 비교적 쉬운 길입니다. 사람들은 가끔 여행이라는 단어를 떠 올리며 하는 생각이 위대한, 거대한, 유명한, 훌륭한 등의 형용사를 생각합니다. 그게 아닙니다. 여행은 단지 나와의 조용한 대화일 뿐입니다. 나와의 대화가 통해서 하는 것이 아니라, 안 통하니 그것을 이해하려고 하는 대화입니다. 이 세상이 잘 이해가 안 가듯이요.

만약에 여행 중에 어느 절에 갔다면, 그래서 대웅전에 가서 부처님과 눈싸움하듯 부처님을 보려고만 하지 말고, 뒤돌아서서 부처님이 보는 방향을 같이 보면서, 그런데 예의상 정 중앙에서 떡하니 서서 그러기보다는 두세 발짝 좌든 우든 비켜서서 보면 됩니다. 그래도 비슷하게 거의 다 볼 수 있고 실제로 다 보입니다. 마음의 문까지 열린 눈으로 본다면 산 뒤쪽의 여러 겹 산들도 모두 볼 수 있습니다.

나는 누구인가? 이런 거 생각하지 마세요. 이 질문에 답을 찾은 사람 아무도 없습니다. 그러면 내가 왜 여기에 서 있는가? 아주 쉬운 답입니다. 내가 여행 중에 이곳에 왔지라고 말입니다. 그러면서 솔직한 고백을 한 번 해 보는 것입니다. 내가 힘듭니다. 지금 내가 힘이 많이 듭니다. 그러고는 그냥 가면 되는 것입니다. 뭔가 깨달아서도 아니고 문제가 해결된 것도 아닌 채로 말입니다.

바람이 지나가듯 한 번 그래보는 것입니다. 그렇지만 그 아무것도 아닌 과정을 거쳤어도, 머릿속에서는 파도가 한 번 쳤거나 아니면 말고, 어쩔 수 없으니 까요. 바람직한 경우 하나를 추가하면, 부처님은 좋겠다. 경치 좋은 곳에서 앞만 바라보면서 그냥 엷게 웃기만 하면서 앉아만 있으니까라고 시샘을 해 보는 것입니다. 그리고 정말로 경치를 한 번 더 보는 것입니다. 부처님 자리는 대개는 좋은 경치를 보고 있을 것이 틀림없거든요.

청년기를 지나 중년 장년 노년으로 시간이 엄청난 압박을 주며 진행합니다. 아마도 직진 본능 같은 것으로요. 거기에서 벗어나는 방법은 없습니다. 그런데 순간순간 그 시간의 속도를 속이는 방법이 있습니다. 그렇다고 시간이 압박을 멈추거나 진행을 멈추는 것은 아니지만, 그 압박을 느끼는 내가 그 속도를 잊는다는 말입니다.

어떻게요? 길을 걸으며 보고 듣고 떠들고 웃고 먹고 추억 만들고, 지금 6가지가 동시에 이루어지고 있나요? 또 빠진 게 뭐가 있을지는 모르겠는데, 머리가 아무리 좋고 기능을 잘한다고 해도 어떻게 그 이상을 하겠어요. 그래서 시간의 압박을 이겨내고 그 시간 동안 내가 잊어주고 있는 것입니다. 혹시 잠시 따돌렸다고 말할 수도 있겠네요.

이 말도 안 되는 잠시 시간을 따 돌려야 하는 사람들은, 돈을 잘 벌어서 가족을 부양하는 이 사회의 정치 경제 주축인 중장년 입니다. 이 사람들은 각종 스트레스가 일상입니다. 그리고 생각보다 늘 혼자 살듯이 슬픈 사람들입니다. 아내가 있어서 동료일 것 같아도 정상적으로 돈을 줄 때 그렇고, 그것은 자식도 마찬가지로 한통속이고, 직장동료도 물론 동료인데 그렇게 순수한 동료가 아니라 잠재적 경쟁자 아니지 직접적 경쟁자입니다.

돈도 있고 건강도 있는데 시간이 없는 사람입니다. 그런데 시간이 없다고 반복적으로 말하게 되면 필연적으로 건강이라는 게 사라지 수 있습니다. 그것도 시간을 어느 정도 여유를 두는 경우도 있지만, 한순간에 0으로 만들 수도 있습니다. 다른 사람에게 흐르는 시간이 나에게 0 즉 흐르지 않는다는 뜻이 뭔지 아시겠지요.

정말 바쁜데 이렇게 하라고 하는 사람이 분명히 있습니다. 그러면 아주 간단하게 바쁜 원인을 없애면 됩니다. 바쁜 원인은 필연적으로 먹고사는 것과 관련이 있을 것입니다. 그래도 생명을 유지하기 위한 시간은 만들어 낼 수 있고 그렇게 해야만 합니다. 그리고 그 전체 시간은 짧게는 불과 30분이 될 수도 있고, 바람직하기는 3박 4일 정도의 시간을, 적어도 1박 2일의 시간을 낼 수 있는 국가에서 살고 있습니다. 이것도 또 시비 걸 사람이 많습니다.

말도 안 된다고 하면서요. 그러면서 시도조차 하지를 않습니다. 욕하면서 시도해 보세요. 그러면 돼요.

짧은 30분은 어떻게 쓰라고 하려고 하느냐면, 회사에서 점심 식사 후 그냥 나무가 많은 방향으로 걸어보는 것입니다. 그러면서 스스로 질문과 답을 하는 것입니다. 직장에서 하는 업무와는 아무 상관이 없는 것에 대해서요. 좋아하는 시를 몇 편 적어서 읽어 보는 것도 좋겠네요. 그러면서 이 시인은 도대체 뭐를 쓴 거야. 뭐라고 하는 거야라고 욕하면서요. 그래서 나를 잊는 시간을 가져야 합니다.

직장에서 은퇴한 직후와 노인 초기에는 여행이라는 측면에서 보면 가장 훌륭한 시간입니다. 돈도 있고 시간도 있고 건강하고 그리고 인생 경험과 사회적 경험 등으로 이해도도 높고 아무튼 여러모로 제일 좋은 시간입니다. 그런데 쓸데없는 불안감과 논다고 생각하는 습관화되지 않은 쓸모없는 생각 때문에 원활하지 않습니다. 지금 이 순간, 여러분은 아주 열심히 살아온 것입니다. 더 이상의 노력은 안 해도 됩니다. 그러니까 일상이 노는 것으로 이루어져도 충분합니다. 모든 것, 삶의 어깨를 무겁게 했던 모든 것을 가볍게 가볍게 생각하면서 살아가면 됩니다.

결국에는 노년기가 되었습니다. 모든 상황이 어렵지만 제일 중요한 것이 건강입니다. 이때의 여행은 건강을 유지하기 위한 여행입니다. 옛날에 소풍消風/逍風, picnic 또는 원족遠足이라는 말로 쓰였던 나들이 위주로 가볍게 하는 여행을 권장합니다. 가장 좋은 경우는 자식들 손자들 그러니까 2대가 또는 3대가 심지어는 어린아이까지 포함된 4대가 가까운 나들이를 계획하고 슬슬 걸으면서 대화를 하는 것이면 최상이겠지요. 꿈이라고 말하려고 하는지 모르겠지만 흔히 100세 시대에 4대가 안 되는 것이 더 이상할 정도입니다. 어떻게 한 세대를 30년으로 볼 때 4대가 한 하늘에서 함께 살기 못할까?

약간 이상해진 시대임에는 틀림없습니다. 좀 오래전에는 지나친 조혼早婚으로 아기 어머니에게 많은 부담을 주더니만, 지금은 지나치다 못 해 너무 지나친 만혼晩婚으로 아이를 임신한 여성만이 아니라 태어날 아이에게 너무 많은 부담을 주는 사회가 되었는지 말입니다. 지금 여기에서 해야 할 이야기가 되는지 안 되는지는 모르겠지만, 결혼을 하고 아이를 낳을 거라면 조금만 빠르게, 그게 언제냐면 산모가 되었을 때 가장 건강한 나이가 어떨까요. 대충 이런 이야기입니다.

사람들은 살면서 행복하고 싶잖아요. 여행도 행복하고 싶은 삶의 한 요소이고, 다른 것보다 행복했던 추억을 사진에 담아오면서 조금 더 오래 가져갈 수 있는 방법이기도 할 것이고요. 물론 삶의 다른 부분도 결국은 멀리 떠나는 여행은 아니지만, 그 자체로 여행이기도 하잖아요. 현실적으로 사람들이 살면서 몇 가지 제약조건, 누차 말하지만 돈 시간 건강으로 이루어진 조합 말인데, 그 중에 하나라도 가능하면, 반대로 나머지가 부족해도 시도하는 것이에요.

혹시 다 아시는 것 그리고 유일하게 한 번의 경험인데, 그 경험을 이야기 해 줄 수 없는 한 번의 너무나 길고 긴 여행, 그것 하나만을 남겨두고 있으니 여행할 필요가 없다고 말하지 마세요. 집 앞 작은 길에 새롭게 솟아난 새싹이 난 것을 구경하는 것도 아주 짧은 여행이고요, 개나리 활짝 핀 공원 등성이를 보면서 걸어도 여행이고요, 멀리 진해 벚꽃 구경도 여행이고요, 그냥 마음속에 아주 작은 설렘이 있으면 모두 여행인 거예요.

바닷가 작은 어촌에 가면 먹을 것도 엉성하지만 그곳에서 살면서 어렵게 잡은 작은 물고기 조개 소라 낙지 게 잡아서 먹고, 방풍나물 갯나물 나문재 뜯어서 먹고, 그러면서 살고 가르치고 생활하고 그렇게 사시는 분들의 아픔이라는 것도 느껴보고 감사하고 그렇게만 마음속에 갖더라도 충분히 훌륭한 여행이라고 생각해요.

혹시 시골 시장, 바닷가 풍경에 대해서는 한마디 했는데, 산촌마을에 살고 계시는 분 서운할까 봐 사족처럼 덧붙이면, 사방이 산으로 둘러쳐 저 꽉 막힌 것처럼 답답함을 참고 산나물· 고사리 각종 버섯 따서 지지고 볶고 말리고, 집 뜰 뒤에 간장 고추장 된장 담아 오래 발효시켜 준비한 양념으로 된장찌개 버섯찌개에다가 참기름 들기름 어렵게 키우고 수확하고 역시 볶아서 깨소금 만들고 짜서 참기름 들기름 만들어서 결국 소박하나 천하일미인 산채비빔밥 만들어 먹고 고생하면서 살았을 텐데, 그래도 그분들이 수고한 결과로 맛있게 먹었던 기억을 참기름 듬뿍 들어간 고소한 기억과 아련한 추억을 간직하는 것도 훌륭한 여행입니다.

# 시간 때우기

01-12-0012

/

2018.05.02(수)

오늘은 뭔 말을, 뭔 생각을 하면서 또 시간을 때워야 하나. 사람이 느끼는 감정, 영어 단어로 feel, 영어 발음으로 삘~이라고 하는 것, 오늘은 이것을 가지고 놀까. 잘 놀 수 있을지 모르지만 어쨌든 시작이나 해보자. 어떻게 되든지 간에.

감정. 느낌이나 마음, 이들 단어와 직접 같은 것은 아니지만 그래도 바탕에는 이들 단어가 필요하지 않을까 생각이 된다. 어떤 대상에 대해서 느껴야 어떤 감정이 생길 것이고, 느끼기 위해서는 마음이 어떻게라도 움직여야 느낄 테니까. 그래서 감정-느낌-마음, 이 세 단어가 뒤죽박죽 섞여서 쓰이더라도 대충 이해했으면 하고 바란다고 쓰고 시작하려 한다.

예쁜 아이가 혼자 서 있다. 이때 나타나는 감정은 무엇인가? 사랑스럽다-귀엽다-앙증맞다-예쁘다-…라는 생각을 할 것이다. 그런데 이 아이가 걸어가다가 넘어졌다. 그러면 아이고! 또는 어머나! 할 것이고 그다음에는 갑자기 불쌍하다고 할까? 그렇지 않다. 어쩌면 살짝 넘어졌다고 하면 그것도 귀엽다고 할 것이다. 그러면 감정의 표현이 잘 못 된 것인가? 그것도 아니다.

그런데 앞의 상황은 그 아이가 부모가 있을 때라면 그렇게 느낄 것이지만 만약에 반대로 부모가 없는 아이 즉 고아가 보육원 입구나 그 근처 어디에서 뒤뚱거리며 걷다가 넘어져서, 일으켜 세울 사람이 없는 경우라면 역시 아이고! 또는 어머나! 할 것이며 또한 이때는 불쌍하다고도 할 것이다. 그렇다면 감정이란 것이 감정 혼자 나타내어지는 것이 아니라 그 처한 상황과 같이 느껴지는 것이라는 점이다.

여기서 또 한 가지 이해해야 할 것은 그 상황을 바라보는 사람, 그 사람 자체의 감정이다. 기분이 좋을 경우에는 심하게 아이가 넘어진 것에 반응하면서 안타까워할 것이고, 본인의 기분이 나쁠 경우에는 아이가 넘어진 것조차 인식하지 못하고 있을 것이다. 눈으로 들어온 영상이 그날, 그 사람의 감정에 크게 의존하게 될 것 이란 점이다.

사람의 감정을 기쁘다-슬프다-화난다-귀엽다-사랑스럽다-… 등으로 표현할 수 있기는 하지만 너무 주먹구구식이다. 좀 더 구체적으로 구분을 하려면 어떻게 해야 되는지는 잘 모르겠다. 그런데 혹시 들어보았을지 모르지만, 크게 보면 희노우사비공경(喜-기쁘다, 怒-성내다;화내다, 憂-근심하다;우울하다, 思-생각이 많다, 悲-슬프다, 恐-두려워하다, 驚-놀라다) 이렇게 7가지로 말하면 어떨까 생각한다. 그렇다고 그 복잡 미묘한 사람의 감정을 이렇게 7가지로 나타내면 끝인가. 아니다. 우선 이 7가지가 무엇인지부터 간단히 알아본다.

이 7가지는 한의학에서 병인론이라고하여 칠정七情이라고도 한다. 칠정을 써 놓고 보니, 이거 잘 모르는 정도가 아니라 하나도 모르면서 한의학에 관련된 몇 마디를 써야 하는지 아니면 말아야 하는지 고민이 된다. 고민은 순간이다. 내가 알고 있는 것을 간단히 소개하는 정도로 간단히 설명하고 넘어가려고 한다. 그게 일반인들의 상식을 높이는데 아주 조금이라도 기여한다고 생각하면 편하게 넘어갈 수 있을 것 같기 때문이다.

한 발 넘어가기 전에 아래에 칠정을 나타내는 한자 7개 글자를 확대했다. 여러 번 읽어보고 써보면서 익혀두면 괜찮아 보인다. 어쩌면 엄청난 지식을 가진 것처럼 보일지도 모르겠다. 일반인들이 엄청난 지식이 꼭 필요한 것은 아니지만 그래도.

## 喜-怒-憂-思-悲-恐-驚

한의학에서 병을 일으키는 원인이 되는 요소를 사邪라고 하는데, 그 사의 성질에 따라 크게 세 가지로 구분한다. 그리니까 사에 의해서 병을 일으키는 원인을 내인內因-내상內傷, 외인外因-외감外感, 불내외인不內外因으로 구분하고, 그중에 내인을 칠정이라고 한다.

그런데 희喜자는 기쁠 희로 기쁨을 나타내는데, 어떻게 병의 원인이라고 하는지 궁금할 것이다. 여러분이 뭔가 기쁜 일이 있어 조금씩 웃으면 기분도 좋고 하지만 지나치게 심하게 웃으면 팔과 다리에 힘이 빠지는 경우와 같이 지나치면 해로울 수 있다는 것이다. 운동장이나 음악회 등에서 지나치게 집중하고 소리 지르고 해도 간혹 느낄 수 있다.

너무 지나침은 태과太過라고 하고 반대로 너무 부족한 경우 즉 태부족太不足의 경우도 병이 원인이 될 것인데, 결국은 이 두 극단은 이상 상태를 말하게 되고 병을 일으키는 원인이 된다. 그러니까 이 두 극단을 버리고 적절히 조화롭게 유지하는 생활 태도가 필요하다. 결국 정상상태라는 것은 이 두 극단을 잘 이해하고 스스로 잘 조절하는 삶을 이뤄야만 가능하다.

너무 전문적이고 어려운 내용이기에 더 이상 언급하는 것도 어렵고 또 꼭 필요하리라고 생각도 안 한다. 다른 단어도 같은 비슷한 예로 태과와 태부족의 상황을 설명할 수 있으나, 사실은 아무런 설명 없이도 여러분이 생활하면서 알 수 있다. 이렇게 하면 지나친 것 같은데, 이러면 너무 소극적인 거 아니야 등으로 스스로 알고 있을 거라 생각된다. 결국, 이 안다고 하는 것의 요체는 적절히 자기 자신을 잘 조절할 수 있는가에 따른다는 것을 알 수 있다.

사람의 감정에 대해서 말하는 것은 한의학에서의 칠정뿐만이 아니라 유교의 성리학과 불교에서도 같은 칠정이라는 말로 설명하고 있는데, 그 내용은 조금 다르다. 성리학에서는 사단과 칠정으로, 불교에서는 오욕과 칠정이라고 하는데 간단히 알아본다.

성리학에서는 사단칠정四端七情이라 하고, 그중에 칠정은 희로애구애오욕(喜-기쁘다, 怒-성내다;화내다, 哀-슬프다, 懼-두려워하다, 愛-사랑하다, 惡-싫어하다;욕하다;미워하다, 欲-욕심내다)으로 사람이 가진 7가지 감정을 말하는 것이다.

## 喜-怒-哀-懼-愛-惡-欲

사단칠정하면 퇴계 이황退溪 李滉 선생님과 고봉 기대승高峯 奇大升의 논쟁이 1559년에서 1566년까지 8년간 치열하게 이루어졌으며,

거기에 율곡 이이栗谷 李珥 선생님의 해석과 그에 대한 반론 등 조선 시대 인조-명종-선조 시절 그러니까 16세기를 중심으로 그 이후 200여 년간의 치열한 논쟁이 조선 시대 전체를 통해 이루어졌다. 아마도 이 논쟁에 등장하는 인물들이 결국은 조선 시대 전체를 거의 차지하는 정치인이자 철학자이자 유명인일 것이다.

한국 철학의 핵심 중의 하나인 이들 논쟁에 관해서 관심을 가지려고 해도 너무 어려워서 힘들다고 말하는 것은 사실이다. 아주 유창하게 서술해 놓은 한자를 이해하는 것에다가 철학을 또한 이해 해야 하니 어려울 수밖에 없다. 그렇다고 도저히 이해할 수 없다고 한다면, 사실 이것은 조금 잘못 된 말이다. 지금은 많은 학자들이 자세히 그리고 열심히 번역하고 설명해서 마음만 먹으면, 절정의 최고 수준의 연구자나 학자가 되려고 하지만 않는다면 충분히 여러 번 읽어서 이해는 가능하리라고 본다. 여러분 스스로 자세를 확인하는 것이 더 중요한 대목이다.

또한 불교에서는 오욕칠정五慾七情이라고 하여 칠정을 언급하고 있는데, 희노애락애오욕(喜-기쁘다, 怒-성내다;화내다, 哀-슬프다, 樂-즐겁다, 愛-사랑하다, 惡-싫어하다;욕하다;미워하다, 慾-욕심내다)으로 7가지 감정을 말한다.

## 喜-怒-哀-樂-愛-惡-慾

성리학에서 말하는 칠정과 불교에서 말하는 칠정 사이에는 구

懼, 두려워 하다와 애愛, 사랑하다 한 자의 차이가 있는 것처럼 보인다. 그런데 이 차이를 설명하기에는 실력이 그만큼 못 된다. 그렇지만 이들 간에는 근본적인 차이가 있기는 하다. 성리학은 사단四端의 단端 즉 단서端緖 내지 증거證據를 말하는 것으로, 마음이 일어나는 것에 대응하는 개념으로 칠정을 말하는 것이었다. 그런데 불교에서는 사람의 마음속에서 일어나는 욕심 즉 오욕五慾에 의해서 일어나는 감정이나 정서를 칠정으로 보고 있다.

이들 사단칠정과 오욕칠정 사이에는 분명 차이가 있기는 한 것 같은데, 그렇다고 그 차이를 크다거나 다르다거나 할 수도 없겠다. 약간의 차이 그러니까 미묘한 차이가 있는 것은 같은데, 더 훌륭한 조언자의 도움을 바라야 하는 입장이다. 또한 성리학이나 불교나 우리나라에 들어온 지가 너무 오래되어, 이 둘의 개념을 구분하는 것이 의미가 없는 것처럼 생각되기도 하고, 실제로 많은 사람들의 글에도 이 둘 간의 차이를 따로 구별하여 설명하는 것을 찾아보기가 쉽지도 않다. 간혹 어떤 글에서는 서로 다르게 말하는 경우도 있다.

가끔은 어느 분야의 전문가들이 대중을 상대로 자기의 전문분야를 이야기하면서 그냥 대수롭지 않게 전문용어를 사용한다. 그 전문용어는 자기 자신에게는 항상 사용하는 용어일지라도 처음 접하는 일반인의 경우는 말 그대로 처음 접하는 용어이고, 그 뜻을 알아도 이해해도 완전하지는 않을 것이고, 대개의 경우는 알지도 못하고 이해하지도 못한다. 이것은 어느 전문가의 잘못이 아니라 그 전문가의 배려의 부족이다. 그가 가지고 있는 지식으로는 거의 모든 사람이 상식처럼 알고 있을 것으로 생각하기 때문에 그런 것이다. 아마 평생을 그 전문용어를 사용하며 살았을 것이기 때문이다.

그리고 또 하나 잘못 된 점은 전문용어를 구사해야만 자기의 질이 높아지는 줄로 생각한다는 점일 수도 있다. 뭔가 굉장한 것을 하는 것 같은 착각 말이다. 그렇지 않다. 전문용어는 필요하지만 설명하면 되는 일이다. 한 번 해서 잘 못 알아듣는다 싶으면 두 번이나 세 번이라도 설명하고 비유를 들어 주고, 그러면 그 전문가의 말을 이해하는 순간에 감동이라는 감정이 생기게 된다. 그리고 알지도 못했던 것에서 적어도 관심으로는 이어질 수 있다.

잘 모르는 것을 가지고 글쓰기의 진행이 잘 안 되는 것보다는 과감히 넘어가 보자. 그 대신에 사단과 오욕에 대해 여러 번 언급을 하였으니, 그 내용에 대해서 나열이라도 하는 것이 도리일 것 같다. 그 각각의 해석은 인터넷을 통해서 검색을 하더라도 잘 설명이 되어있고 또는 시중 서점 등에서 이들을 설명한 책도 쉽게 찾아 볼 수 있을 것이다.

사단은 측은지심惻隱之心, 仁, 수오지심羞惡之心, 義, 사양지심謝讓之心, 禮, 시비지심是非之心, 智을 말하는 것이다. 인仁은 측은지심 즉 누군가를 가엽게 여기는 마음이 인의 단서端緖 또는 증거證據라는 뜻이다. 나머지의 해석도 같다. 그리고 오욕은 재물욕財物慾, 명예욕名譽慾, 식욕食慾, 수면욕睡眠慾, 색욕色慾이다. 오욕 중 다른 것은 그렇다 치더라도, 그러면 색욕은 어떻게 이해해 볼 것인가? 색욕이 뭔지는 뻔히 아나 그렇게 뻔한 것으로 이야기하기는 그렇고, 좀 점잖게 말해서 종족을 보존하기 위해 이성에게 관심을 보이는 것, 관심은 조금 약해 보이는데, 그렇다면 관심보다 더 강하게 말해서 욕심을 내보는 것으로 하면 되려나 모르겠다.

사람의 마음 그러니까 감정이라는 게 아무리 잘 설명하려고 해도 사실은 불가능하다. 왜냐하면 분명 가슴에서 어떤 감정이 일어 났는데, 어떤 느낌이 다가왔는데, 그것을 생각으로도 표현하기 어렵고 더더욱이나 언어로 표현한다는 것은 더 어렵다. 사람의 감정이나 느낌, 표현할 방법이 없으니까. 기껏해야 그와 비슷한 몇 마디 부족한 언어를 통해서 할 수밖에는 없다.

한의학의 병인론과 성리학의 사단칠정론 그리고 불교의 오욕칠정론을 통해, 감정을 나타내는 단어를 골라보니 모두 13가지가 되겠다. 각 단어들의 감정은 앞에서 언급되어 있으니 달리 설명할 필요야 없을 것인데, 그러면 이 13가지가 인간의 모든 감정을 표현하는 단어가 될 것인가 생각을 해 보니, 이 또한 말도 안 된다.

어쩌면 사람들에게 있는 서로 다른 여러 감정 중에서, 어감이나 뜻에서 다른 것들보다 상대적으로 이 13가지가 더 잘 표현되었을 수는 있을지언정 모두는 아니다. 그리고 상대적으로 더 잘 표현되었다는 것 자체도 맞지 않을 것 같다. 감정은 상황과 불가분의 관계이고, 지금 상황에 대해서는 아무 말도 못 했기 때문이다. 여하튼 13가지 감정을 나타내는 단어를 나열해본다.

# 喜-怒-哀-樂-懼-愛-惡-慾-憂-思-悲-恐-驚

그럼, 사람의 감정은 13가지로 다 표현되고 이해되고 설명될 수 있는가? 아니라고 했다. 예전부터 사람들이 쓰던 언어습관 중에 무엇인가가 절대 부족하면 그것을 "턱도 없다"고 했던 것 같다. 말 그대로 턱도 없다. 그리고 각각의 감정들은 서로 등가等價 인가? 이런 것은 모른다고 하는 게 무책임해 보여도, 오히려 정답이 될 수도 있다. 모른다고 하면 또는 모른다고 해도, 그 개인이 처한 상황에 따라 어떤 식으로든 그 스스로 이해하고 알아내고 그렇지만 결국 그도 그것이 뭔지는 모르고 일단락되게 된다. 이것이 사람이 가진 감정일 게다.

감정이 등가인가 하는 것을 말했는데, 가령 사랑스러운 것愛과 슬픈 것哀은 등가가 될 수 있을까? 그럴 수 없을 것 같다. 사랑의 내용과 슬픔의 내용에 따라 그 가치는 다를 것으로 생각이 된다. 그리고 무엇을 두려워하는 것懼과 싫어하는 것惡이 등가가 될 것인가? 이 역시도 그 무엇인가라는 대상에 따라 다를 것이다. 이렇게 예를 들어가자면 모든 감정의 요소들 기쁘거나 싫어하거나 슬프거나 등 서로 다르다는 것으로 알아야 할 것 같다.

감정感情. 이것이 다루어지는 것이 아니다. 다루어진다는 것은 교육이나 훈련을 통해 조절이 될 수 있다는 것인데, 그렇게 되지 않는다. 그러면 어떻게 해야 하나. "시간이 약"이라는 말이 있는데, 이게 속담인지 뭔지는 모르겠으나 어쩌면 답일 게다. 감정훈련 이런 말도 들어본 적은 있는 것 같으나 확실치는 않다. 물론 정신과적인 문제를 다룰 때는 아마도 쓰이지 않을까 하는 정도이다.

사람들이 살면서 즐거운 감정은 혼자 즐거워도 즐겁다. 그래서 나누지 않아도 문제가 없다. 사람들이 살면서 슬픈 감정은 혼자 슬퍼도 슬프고, 여럿이 나누어도 슬프다. 다만 조금 덜 하다는 정도로 말하는 게 어떨까 생각한다. 그래서 슬픔은 시간을 두고 나누어야 한다. 슬픈 사람보다는 슬픔을 알아챈 사람이 더 많이 노력해 줘야 한다. 그래야 아주 조금씩이라도 슬픔이 풀린다. 어차피 슬픔이란 것도 이 세상에는 없는 것이다.

어느 날, 매달 오는 월간문학 잡지를 보다가, 전체적으로 슬픔에 대해서 쓴 것은 아니지만, 간절한 슬픔에 대해서 쓴 글 몇 줄을 읽었다. 그 몇 줄은 "휘청거리는 감정이란 여유로운 시간 속에서나 누릴 수 있는 사치의 일종. 슬픔을 슬프다고 말할 때는 아직 덜 슬플 때라는 걸 그때 알았다. 걸핏하면 센티했던 순간들이 얼마나 설 슬픈 때였던가!"라는 글이다. 이 글은 월간문학 590호(2018. 4), 334쪽, 목동살롱 28, "시가 이겼다고 말했던 날, 그리고"의 제목으로 정숙자 시인이 쓴 글이다.

개인적으로 정 시인에 대해서는 잘 모르는데, 그분에게 큰 슬픔이 있었던 것 같다. 글 맨 처음에 왜 슬펐는지를 알 수 있는 내용이 있는데, 그렇지만 위로를 한다거나 다른 말을 하는 것은 오히려 도리에 맞지 않을 것 같다. 그분도 잘 모르고, 그 슬픔의 내용도 짐작은 하지만 똑같이 느끼기도 어렵고 그러니 침묵해드리는 것이 삼자가 취할 도리일 것 같기 때문이다. 사람들이 살면서 슬픔이 어떤 것인지 대충은 알지만, 어느 정도로 슬퍼야 이렇게 말할 수 있는지는 잘 모르겠다.

여러 감정 중에서 아마 슬픔이란 감정이 글을 쓰기에는 좋은 재료인 것 같다. 수많은 감정 중에 비교적 쉽게 쓰이니 말이다. 그리고 사례도 비교적 쉽게 들 수 있기 때문이다. 길을 지나다 누군가가 자기 이야기를 들어 주기를 바란다면 분명 거의 슬픈 이야기일 가능성이 높다. 사람들은 아마도 슬프다에서 어떤 억울함 때문에 슬퍼지는 것일지도 모르겠다.

그렇다면 놀랍다고 느끼는 감정도 글이 잘 쓰일 것인가? 물론이다. 기쁜 쪽의 놀라움도 있고 슬픈 쪽의 놀라움도 있다. 기쁜 쪽의 놀라움이란 지나가다 한 할머니를 보았는데, 100세가 넘으셨다고 하면 어떻게 놀라지 않을 일인가. 물론 한의학의 병인론에서 말하는 병을 일으키는 원인은 아니겠지만, 놀라운 일임에는 분명하다. 지금은 100세 시대라고 부르짖지만 그래도 100세를 산다는 것도 어렵고 100세 나이 든 어른을 보는 것도 어렵다.

그리고 갑작스럽게 놀랄 일은 아니지만, 시간이 지나고 삶을 이어나가면서 누구나 하는 것이지만 바로 내가 결혼을 한다는 것도 놀라운 일이고 그러다가 얼마 지난 후에 아이가 생기고 출산을 하고 엄마나 아빠 소리를 듣게 되고, 이런 것들도 사실 놀라움의 연속인 것이다. 다만 이런 느낌을 생각하는 사람만이 가질 수 있는 느낌이고 감정이다. 어느 날 할머니나 할아버지가 된 것도 사실은 매우 놀라운 일이다. 언제인지를 모르니까 더 그렇다.

그런데 그걸 느끼려고 하지 않으니까, 그 사실을 모르니까 더욱 안타깝다. 오히려 지나가는 세월을 안타까워하지 말고, 눈으로 보면서 그 순간순간을 자기의 손으로 매듭을 풀듯 보내줘야 한다. 그래야 남은 끝이 얼마인지 알 수도 있고, 아니면 그 끝은 모를지라도 짐작이라도 해보고, 그러면서 남아있는 그 매듭 줄의 풀림에 아쉬움이 없게 했으면 좋겠다.

지금 우리나라에서는 슬픈 쪽의 놀라움은 아주 여러 번 있었다. 직접 말하고 싶지 않은 사건 중에 배가 침몰해서 어린 학생 2백명 이상이 사망한 것을 어찌 놀라지 않을 수 있을까 하는 것이다. 또 아주 평범한 일상 중의 하나가 가족들이 주말 즈음에 목욕탕 가는 것이다. 평범한 어느 날 목욕탕에서 목욕하러 갔다가 몇십명이 사망하는 사고를 보고 또 어찌 놀라지 않을 수가 있겠는가.

그냥 한번 사람의 감정이란 것에 대해 생각을 해 봤다. 이런 생각을 한들 뭔 소득이 있겠는가. 다 잘 안다. 이 생각이 부질없다는 것까지. 그래도 사람들이 마음속에 가진 여러 감정을 마음껏 표현해내면서 자유롭게 살 수 있었으면 좋겠다는 생각을 한번쯤은 가져 볼 필요가 있겠다고 생각해 봤다. 이 소용하나 없는 이야기는 밤을 새워서 하더라도 끝이 없겠다. 다만 그럴 필요가 없다. 끝.

# 뒷글

지금까지 쓴 것을 한 권으로 엮었고, 다 쓴 게 아니고 할 이야기가 너무 많이 남아있어 뒷글을 쓰기가 좀 그렇다.

그래도 모양새를 따져서 쓰기는 쓰는데, 우선 첫 권이니 많은 분들이 부디 모든 것에 혜량惠諒하시기를 바란다.

그리고 여러분 스스로도 시간 때우기를 잘하시고, 살아가는데 힘들어하지 않는 마음가짐을 만들고, 더 발전시키기를 기대한다.